DE

POSIT

DENK JE POSITIEF

FRED STERK
SJOERD SWAEN

Ontdek je sterkste kanten
en krijg meer energie

KOSMOS
Kosmos Uitgevers, Utrecht/Antwerpen

KOSMOS
www.kosmosuitgevers.nl
kosmos.uitgevers
kosmosuitgevers

Tweede druk, 2020

Omslagontwerp: Nanja Toebak/Studio Jan de Boer
Opmaak binnenwerk: Kosmos Uitgevers/Crius Group

Kosmos Uitgevers vindt het belangrijk om op milieuvriendelijke en verantwoorde wijze met natuurlijke bronnen om te gaan. Bij de productie van het papieren boek van deze titel is daarom gebruikgemaakt van papier waarvan het zeker is dat de productie niet tot bosvernietiging heeft geleid.

ISBN 978 90 215 7272 7
ISBN e-book 978 90 215 7273 4
NUR 770

Inhoudsopgave

Inleiding

Gedachten hebben een grote invloed op ons geluk en dagelijks functioneren. Ze kunnen je aanmoedigen het geloof in jezelf en je veerkracht te vergroten. Het is een hele levenskunst je denkstijl te veranderen en om piekergedachten te kalmeren of los te laten.

Dit boek biedt je de mogelijkheid je sterkste kanten te ontdekken. Je sterke kanten geven je energie, bepalen je identiteit en je kunt ze inzetten voor je persoonlijke en professionele ontwikkeling.

In 75 korte, inspirerende hoofdstukken, met voorbeelden, lezersbrieven, adviezen, persoonlijke en praktijkervaringen laten we zien hoe je je denkwijze positief kunt beïnvloeden. Neem na het lezen van een hoofdstuk de tijd om de inhoud te verwerken en te experimenteren met de toepassing van de technieken.

Met behulp van bewezen effectieve, oplossingsgerichte vaardigheden uit de positieve psychologie, cognitieve gedragstherapie en mindfulness kun je een meer ontspannen, compassievolle en *flexibele denkstijl* gaan ontwikkelen en je aandacht blijven richten op de meest constructieve ervaringen in je leven.

Positieve denkkracht omvat meer dan alleen positief denken. Naast een optimistische levenshouding, als belangrijkste basis, kun je ook leren je gevoel, gedrag, zelfbeeld en relaties te optimaliseren door:

- afstand te nemen van de belemmerende verhalen in je hoofd;
- je bewust te worden van je valkuilen;
- helpende affirmaties en mantra's te gebruiken;
- ongewenste emoties en frustraties te accepteren;
- met volledige toewijding aan waardevolle doelen te werken;
- je kracht en idealen positief te bevestigen.

Probeer, indien nodig, de voorbeelden uit dit boek zo aan te passen dat ze voor jou bruikbaar zijn. Uit onze jarenlange praktijkervaring als psychotherapeut weten we dat de beschreven technieken goed werken en elkaar uitstekend aanvullen. Meer achtergrondinformatie over de besproken werkwijze vind je in de boeken die als bronnen vermeld worden.

Gebruik wat we zeggen in je voordeel en laat wat je niet aanspreekt voor wat het is: een van de vele opvattingen die je over een onderwerp kunt hebben. Door kritisch te lezen en je eigen gedachten te toetsen met behulp van dit boek verwachten we dat je de dagelijkse uitdagingen beter leert te hanteren en meer durft te vertrouwen op een hoopvolle toekomst.

Marieke Soons en Yolande Michon van Kosmos Uitgevers willen we graag bedanken voor hun vertrouwen, adviezen en inzet bij de totstandkoming van dit boek.

Fred Sterk en Sjoerd Swaen
www.sterk-swaen.nl

1

Wat is er goed aan...?

Gun je jezelf voldoende ruimte voor al het goede in het leven en voor het ervaren van je kracht? Alles wat tegen je echte, natuurlijke goedheid ingaat veroorzaakt frictie. Maar zodra je leert het goede in *al* je ervaringen te benoemen, verlaag je automatisch de spanning. De werkelijkheid blijft vriendelijker dan we denken en als we dat weer mogen zien, zal ons bewust-zijn zich vergroten en groeien.

Stel jezelf twee belangrijke vragen bij *iedere* ervaring:

- Wat is hier goed aan?
- Wat kan ik ervan leren?

We kunnen het niet genoeg benadrukken: deze helpende vragen vergroten je veerkracht. Normaal gesproken zijn we vooral bezig met het veroordelen van wat er gebeurt. We kunnen feilloos opsommen waar we ontevreden over zijn. Ons brein verdient een duwtje in de goede richting.

Met de twee bovenstaande vragen transformeer je de diepte- en hoogtepunten in je leven naar waardevolle leerervaringen. Ze helpen je boven je automatische denk- en reactiepatronen uit te stijgen.

Voorbeeld

Michael was al jaren een topkracht op zijn werk, een echte specialist in zijn vakgebied en op de afdeling had hij een 'sterstatus' en voortrekkersrol. Tot... er op een dag een collega werd aangenomen die ook heel goed was, jong en vernieuwend, kortom: een grote belofte. Michael begon zich zorgen te maken en bleef maar piekeren uit angst dat hij zijn mooie positie zou kwijtraken.

Hij probeerde de twee bovenstaande vragen te beantwoorden.

Wat is hier goed aan? 'Meer kwaliteit erbij is altijd goed, de afdeling kan doorgroeien, nieuwe inzichten zijn welkom en we kunnen onze klanten nog beter bedienen. Daarnaast biedt het mij ook wat extra ruimte, als ik niet constant voorop hoef te lopen; daar zullen ze thuis ook blij mee zijn.'

Wat kan ik ervan leren? 'Ik kan leren omgaan met deze moeilijke gevoelens, met behulp van meditatietechnieken leren mijn ego te bedwingen, en leren inzien dat ieder mens uniek is, zijn eigen kwaliteiten heeft. Anderen kunnen mijn waarde niet aantasten.'

Het gaat erom dat je vertrouwen blijft houden in je vermogen om frustraties in *hanteerbare feiten* om te zetten, moeilijkheden in *mogelijkheden* en faalervaringen in *verhelderende inzichten.* Waarschijnlijk zul je de onderstaande leermomenten herkennen:

- ik heb al eerder op vele manieren tegenslag overwonnen;
- teleurstelling en succes hebben me geholpen *mijn sterke kanten* te ontwikkelen;
- de aanvankelijke onbegrijpelijke frustraties wezen me de weg naar vooruitgang en persoonlijke overwinningen.

- tegenvallers daagden me uit betere wensen en leerdoelen te formuleren;

- verlies heeft me laten inzien dat ik nooit afgewezen kan worden, maar dat *groei en verandering* onvermijdelijk zijn;
- tegenwerking heeft me noodgedwongen in contact gebracht met allerlei nieuwe hulpbronnen.

- pijnlijke ervaringen uit het verleden hebben me menselijker, wijzer en meer vergevingsgezind gemaakt.

Met een focus op het goede ga je automatisch meer vanuit je hart leven. Als je andere mensen wilt helpen dan kun je dat ook beter doen vanuit een positiever perspectief. Je goed voelen werkt aanstekelijk en zal je extra aansporen het beste in anderen te zien en te stimuleren. Bovendien zullen zij sneller gemotiveerd raken om iets aan zichzelf te veranderen als je ze aan blijft spreken op hun kwaliteiten.

Positief denken kan tegenslag of frustraties niet voorkomen, maar het kan je wel helpen je veerkracht extra te trainen. Werken aan herstel na een teleurstelling is gezond, het maakt je mentaal vaardiger.

Optimisme, overgave en weerbaarheid bekrachtigen elkaar. Kun je zien dat je sterke kanten groter zijn dan alle voorbijgaande emoties? Een groeiend bewustzijn van wie je echt bent, zal je angst voor tegenslag milder maken.

De realiteit is een betrouwbare bondgenoot, boordevol informatie, zolang je bereid blijft te leren, ben je *rijker* dan je denkt. Als je goed kijkt dan zie je *de magie* in het leven; het sprankelt, beweegt, groeit en het is ontzagwekkend en onverklaarbaar.

2

Afscheid

Het einde van de therapie, het laatste gesprek. Haar complimenten komen binnen. De feedback is krachtig positief en welgemeend: 'Je hebt mij en mijn man enorm geholpen, ik ben je zo dankbaar.' Ze heeft geleerd beter voor zichzelf te zorgen na een periode van angst, verdriet en pijn.

Ze vertelt over haar ervaring met onze boeken. Hoe ze *Denk je sterk* heeft 'stukgelezen' en hoe 'indrukwekkend mooi' ze *Positieve mindfulness* vindt. 'Het lijkt wel alsof de boeken voor mij persoonlijk zijn geschreven, alsof je mijn pijn begreep.'

'Die boeken zijn geboren uit de pijnlijke zoektocht naar geluk in ons leven,' antwoord ik, terwijl ik me realiseer dat die zoektocht uiteindelijk is gelukt.

Ik raak ontroerd en zeg: 'Het verdriet van het ontbreken van de liefde, van verlaten worden, heeft ervoor gezorgd dat ik tot in de kern weet wat het betekent om op jezelf te worden teruggeworpen, zonder steun en zonder richting. Het is een wijsheid die je alleen leert kennen als de pijn er mag zijn. Zoals jouw ontwikkeling je ook wijzer heeft gemaakt. Nu is het veel duidelijker dat je meer dan goed genoeg bent en mag kiezen voor je geluk.'

Veel mensen zijn de weg kwijtgeraakt door emotionele pijn en de vermijding daarvan. Afgehaakt in somberheid, cynisme en zelfdestructie. *Ik heb geleerd dat een vlucht vooruit, in plaats van het vermijden van de pijn, veel meer oplevert.*

In eerlijkheid zijn wie je bent, je emoties mogen verwoorden en ze leren hanteren, de impact van je valkuil (oude pijn) leren verkleinen en je kracht ontdekken, zijn onderdelen van een vlucht vooruit. Het betekent ook dat je die mensen en situaties die de pijn veroorzaken of in stand houden achter je mag laten.

Zelfacceptatie is geen loze kreet, het is zeer betekenisvol en belangrijk. Juist mensen die in liefdeloosheid zijn opgegroeid, worstelen hiermee. Ze proberen te voldoen aan de vermeende eisen; aan het perfecte lichaamsbeeld, aan de verantwoordelijkheden van het werk en het gezin, aan de verwachtingen van vrienden en de media. Het is nooit goed genoeg.

Tegelijkertijd is hun zelfkritiek hard en meedogenloos. Fouten worden uitvergroot en kwaliteiten en vaardigheden worden als heel gewoon ervaren. Geen wonder dat zoveel mensen uitgeput raken en uiteindelijk vluchten voor hun eigen emoties.

'Je hebt me bewust gemaakt van mijn eigen controle in mijn denken; jouw uitspraak "navigeer je gedachten naar vertrouwen" blijft me daaraan herinneren,' zegt ze tot slot.

We nemen ontroerd en dankbaar afscheid.

3

Altijd goed

Je eenzaam voelen, kampen met te veel schuldgevoel of altijd het idee hebben dat je tekortschiet, het komt allemaal voort uit het idee dat er diep vanbinnen iets mis met jou zou zijn. Dit meestal *aangeleerde* idee gaat voorbij aan het feit dat je niets anders dan een goed, compleet mens kunt zijn. Ons ware bewust-zijn is goed, daar kun je niets aan veranderen, je kunt niet kiezen voor niet-goed zijn.

Pijn en angst ontstaan door de vele misleidende gedachten die regelrecht ingaan tegen je menselijke waardigheid. *Waarom zou juist jij niet goed zijn of geen liefde mogen ontvangen?*

Iedereen worstelt met onvermogen en kwetsbaarheden, maar dat kan niemand minder menselijk maken, en zeker nooit je oorspronkelijke goedheid aantasten. Liefde gaat voorbij alle fysieke grenzen, we zijn vrij om van iedereen – inclusief onszelf – te houden, ook als we alleen zijn.

Al onze gedachten, gevoelens en meningen *komen voorbij en gaan voorbij* als wolken aan een helderblauwe hemel. We kunnen troost vinden in het feit dat iedere vorm van onvermogen tijdelijk is en ons pure bewust-zijn door niets of niemand aangetast kan worden. Het blijft gelijkmoedig onder alle omstandigheden.

Wat zou er gebeuren als je stopte met je strijd tegen jezelf of je ingebeelde vijanden en ging streven naar meer innerlijke rust?

Sommige mensen worden thuis hun eigen ergste vijand; ze *moeten* van alles: naar buiten, vrienden maken, hun tijd zinvol besteden, in beweging blijven, maar ze *mogen* niets.

Alles wat ze zelf automatisch doen keuren ze af. Hun zogenaamde comfortzone is veranderd in een zeer oncomfortabele afkeur-wedstrijd. Zelf alles negatief maken werkt verlammend en demotiverend. Je hebt al verloren voordat je iets van je eisenlijstje uitgevoerd hebt.

Ga eerst eens kijken wat er goed is aan de dingen die je nu doet. Wat is er mis met Netflix, de computer, het huishouden, genieten, uitrusten op de bank en jezelf vermaken? Wellicht leer je ongemerkt *meer vaardigheden* met je huidige bezigheden dan je denkt?

Ontspanning, verhalen, kennis, vermaak, beweging en contact met de wereld kun je op vele manieren beleven. *Leren alleen te zijn maakt de contacten die je wel hebt waardevoller.*

Pas als je duidelijk mag zien en ervaren wat je nu al goed doet, kun je, indien nodig, stapsgewijs je activiteiten gaan uitbreiden. Eerst je huidige waarderingspunten verzamelen en daarna nieuwe sociale of gezonde microsuccessen gaan sparen. Ontdek zo je nieuwsgierigheid, acceptatie, vriendelijkheid, begrip, je leervermogen en groeimogelijkheden.

In plaats van weg te zakken in ontmoedigende zelfkritiek, kun je jezelf beter *motiveren* met de volgende vragen:

1. Wat zijn de *voordelen* van mijn huidige gedrag?
2. Waar en/of wanneer *doe ik al* wat ik meer zou willen doen?
3. Hoe kan ik *vriendelijk bijsturen* in de richting van mijn gewenste gedrag?

Het leven is een lange reis van onvermogen naar bewust-zijn. Oordelen is het wapen van ons onvermogen, het houdt ons gevangen in onze beperkingen. Alles wat goed is, *vol van licht en liefde* en zonder tegenstellingen, hoort bij ons bewust-zijn.

Door het koesteren van je kwaliteiten en het – met geduld en zelfcompassie – omdraaien van je vermeende tekortkomingen (eerst exploreren wat er wel goed aan is) leer je je bewust-zijn te voeden.

Het bewust *beleven,* ervaren en waarnemen van de schoonheid thuis en buiten brengt je naar een zone van vrijheid en onvoorwaardelijke waardering. Van angst naar vertrouwen… Altijd goed!

Meditatie: als je vriendelijk bij jezelf kunt blijven, ontstaat er ruimte. Een ruimte tussen je gedachten en je reacties. Een ruimte voor inspiratie en creativiteit. Een ruimte om in thuis te komen en te ontspannen. Een ruimte voor dankbaarheid en waardering. Een ruimte voor schoonheid en groei.

4
Lezersvraag: kritisch op mezelf

Vraag

Wanneer ik bijvoorbeeld met veel mensen heb gepraat of ik heb een meeting met verschillende mensen, dan zit mijn hoofd altijd erg vol en ben ik achteraf enorm aan het nadenken. Ik maak me dan erg druk over hoe ik overkom en of ik wel echt mezelf was. Wanneer ik bijvoorbeeld negatief ben geweest, kan ik me ontzettend schuldig voelen (want ik probeer positief in het leven te staan). Ik ben dus ontzettend kritisch op mezelf.

Ik zoek wel afleiding, bijvoorbeeld in wandelen of sporten, en probeer van een afstandje naar mijn gedachten te kijken. Maar dat helpt niet. Hoe kan ik mezelf niet meer zo gek maken en gewoon mezelf leren zijn?

Antwoord

Als nadenken tot oplossingen leidt, is dat positief. In jouw geval leidt het tot meer problemen: schuldig voelen, oneerlijk voelen (alsof je de boel bedriegt) en de toenemende onzekerheid. Je werkt veel te hard aan het verbeteren van jezelf. Maar is het wel mogelijk om 100 procent je eerlijke zelf te zijn in een groep? Moet je echt alles wat je hebt gezegd kunnen verantwoorden? Ik denk dat dat onhaalbare eisen zijn.

Bovendien zorgen die eisen ervoor dat je bij iedere bijeenkomst weer zeer oplettend en dus gespannen moet zijn. Dat is sociaal perfectionisme. Je neemt jezelf te veel de maat en je blijft daardoor onzeker en schuldig. Overigens is dat sociaal perfectionisme vaak een valkuil bij mensen die heel sociaal zijn.

Hoe kun je deze negatieve spiraal doorbreken?

- Accepteer een foutmarge. Dat betekent dat je jezelf na het sociale contact bewust de waargenomen fouten vergeeft.
- Waardeer wat er feitelijk goed is gegaan. Na ieder sociaal treffen oefen je in het positief afronden van je denken door bewust een positieve conclusie te trekken.
- Oefen met praten zonder te oordelen. Focus op de ander en de inhoud, niet op je functioneren. Als je fouten mag maken, dan gaat dat veel beter.
- Realiseer je dat anderen vooral met zichzelf bezig zijn. Zij denken niet zo na over jouw functioneren, want ze ervaren jou niet zoals je jezelf ervaart.
- Train jezelf in het herkennen van je denkfouten in redeneringen, zodat je ze makkelijker kunt loslaten. De denkfouten 'gedachtelezen' en 'toekomst voorspellen' houden je perfectionisme in stand.
- Realiseer je: ik zal nooit precies weten hoe ik overkom. Sociale situaties zijn wat dat betreft moeilijk te ontrafelen.
- Doe een ontspannings- of mindfulnessoefening na elke intensieve sociale interactie. In een ontspannen lichaam krijgen piekergedachten namelijk minder kans.

Jezelf durven zijn heeft niets te maken met jezelf bekritiseren om fouten. Het betekent dat je jezelf mag vergeven voor fouten en dat je positieve conclusies mag trekken, ondanks die fouten. Dat gun ik je van harte.

@PsychologieMagazine

5

Overdreven perfectionistisch?

Perfectionisten zijn meestal zeer opmerkzaam. Ze zien alles tot in de kleinste details. Deze opmerkzaamheid maakt je creatiever, vindingrijker en zelfs humoristischer, maar je kunt ook sneller verstrikt raken in alle details om je heen. *Laat je leven meer zijn dan regels, voorschriften, beperkingen en onredelijke verwachtingen.*

Onze aandacht kan getraind worden, net zoals onze spieren. Zodra je dreigt vast te lopen in details of obsessies kun je *je aandacht verplaatsen* naar iets anders: het huidige moment, iets leuks, iets ontspannends, iets positiefs, iets uitdagends; het maakt niet uit, zolang je maar uit de buurt weet te blijven van je obsessies.

Leer je brein flexibel te worden, in plaats van te verstarren. Train je meditatieve 'loslaat-spieren' en flexibiliteit.

Het is niet nodig ongewenste gedachten weg te drukken, te ontkennen of te negeren. Maar waarom zou je ze serieus nemen en er extra in gaan investeren? Je *weet* dat ze er zijn, en je *weigert* ze te voeden met allerlei dwangmatige schuldscenario's.

Meditatie-oefening baart kunst en biedt hoop voor je door jezelf opgelegde strenge normen en eisen. Durf je te geloven dat zelfs de meest hardnekkige vorm van perfectionisme te verzachten is?

Het leven zit vol verrassingen; zekerheid en perfectie blijven een illusie. Waarom zou je dingen nastreven die niet bestaan? Help jezelf met dezelfde compassie die je voor anderen gereserveerd hebt; je bent deze mildheid ook waard. Ontspanning biedt je – in tegenstelling tot perfectionisme – meer waardevolle bewustzijnservaringen: contact, groei, voldoening en echt geluk.

Bevestig je zuivere intenties met de volgende mantra: 'goed en integer'. Blijf deze woorden herhalen zodra je je druk gaat maken over wat anderen van je vinden of zodra je gekweld wordt door allerlei gepieker over alles wat er door jouw 'schuld' mis zou zijn gegaan.

Mantra's bevestigen geruststellende gedachten en overtuigingen, ze bieden innerlijke rust. Ook helpen ze je bewuster en in een betere gemoedstoestand te leven. Mantra's zijn vooral nuttig om je onbewuste, dreigende, zelf-saboterende overtuigingen aan te vechten. Herhaal vanbinnen dat je *goed, waardevol en vergevingsgezind* bent en mag blijven vertrouwen.

Kun je optellen wat je goed doet of hebt gedaan? Mag je jezelf bevrijden van schuld, straf en pijn? Ook al lijkt je neiging tot perfectionisme soms ontmoedigend, je hoeft *niet* toe te geven aan je hoge eisen. Zonder extra dwangmatige controleacties zijn onaangename gevoelens ook te doorstaan.

Is het mogelijk al je controlelijstjes en werkpunten op een denkbeeldige weegschaal te leggen voordat je eraan toegeeft? Laat steeds een beetje van je perfectionisme achter je. De 'anti-perfectionistische' inspiratietweets hiernaast zijn beter voor je gemoedsrust:

Iedere dag word je sterker en gezonder. #bewuster

Natuurlijk is het gemakkelijker met wind mee, geniet ;-) #zon

Laat de warme ontspanning door je lichaam stromen, het mag en het kan.

Ieder contactmoment is waardevol, lach voluit ;-)

In contact met dit moment stroomt de waardering voor het leven. #ontspan

Uit de ban van het negatieve warm je je hart in het positieve licht. #waardeer

Vrij en onafhankelijk van het oordeel geniet je van deze schitterende dag. #flow

Je bent onafhankelijk en waardevol, je bewust van je eigen kracht. #aandacht

Moeilijke emoties wel voelen maar niet voeden. #obser-veren

6
Stil

In de stilte, de echte stilte tussen mijn gedachten en het gekwetter van de wereld, voel ik dat ik thuiskom bij mezelf. Langzaam maar zeker nemen de rust en stilte toe.

Afgewisseld met een opleving van verdrietige of angstige emoties, vastgepakt en groter gemaakt door bepaalde gedachten.

Deze gedachten verzinnen steeds weer een verhaal, ze gaan net zolang door met het bedenken van rampen tot ze gelijk lijken te krijgen. Ze creëren een soort van (valse) erkenning voor mijn schuld-, schaamte- en minderwaardigheidsgevoelens.

In de stilte merk ik deze behoefte aan zelfondermijning van mijn negatieve gedachten op en kan ik haar laten varen, met een troostende of koesterende houding.

Na de storm van de rouw in mijn leven, het definitief loslaten en afsluiten van het verleden, voelt de stilte helend en erkennend, fluisterend: het is goed zo.

Voorbij de pijn van het definitieve verlies, die als een woedend makende stroom van heftige emoties voortraasde, is er nu het perspectief op rust en een duurzaam contact met mezelf.

De aanvankelijk onverdraagbare leegte leek te schreeuwen: je voldoet niet meer en je bent in de steek gelaten.

Maar nu zegt de stilte geruststellend: je bent zo waardevol en mooi, je kunt niet verlaten worden. Je kunt alleen jezelf verlaten.

Een veilige stilte.

7

Burn-out

Het kan ons allemaal overkomen: te lang, te veel doen. Met andere woorden: *te veel van het goede.* Niets om je voor te schamen, geen reden om aan je capaciteiten te twijfelen. Simpelweg, te hard gewerkt. Vaak in een onrustige, onveilige en schuldbeladen werkomgeving – ver verwijderd van de menselijke maat – die de eisen op bleef schroeven en verwachtte dat je maar bleef produceren.

Overbelasting stapelt zich op over een langere tijdsperiode met als eindresultaat dat je brein volledig uit balans raakt. Als gevolg van allerlei stresshormonen is je brein totaal *overprikkeld, overstuur en oververmoeid.*

Je kunt het gevoel krijgen dat je volkomen uitgeschakeld bent en begrijpt vaak niet waarom je zo uitgeput en overgevoelig op allerlei werkprikkels blijft reageren. Ook al wil je snel weer aan de slag, je brein heeft vaak meer tijd nodig om tot rust te komen. Eventuele waarschuwingssignalen zijn een teken dat je te hard vooruit wilt.

Neem eerst alle ruimte die je nodig hebt voor ontspanning, herstel en een geleidelijke re-integratie. Wat heb je nodig om te herstellen? Mag je jezelf een betere werkplek beloven? Als er door externe omstandigheden geen verbeteringen op je huidige werkplek mogelijk zijn, dan kun je, na volledig herstel, ook kiezen voor de nooduitgang en een gezondere werkomgeving zoeken.

Probeer je angstgedachten te kalmeren:

Voorspel de best mogelijke toekomst.

Je zult weer volledig gaan functioneren. Je kunt leren beter voor jezelf op te komen! Welke nieuwe kansen komen er nu vrij?

Benadruk de goede kanten van deze situatie en jezelf.

Dit is de juiste tijd om meer in balans te komen. Leer er voortaan mee te leven dat taken nog niet af zijn, maar toch naar huis te gaan en te ontspannen! Wat heb je goed gedaan? Hoe zijn perfectie-eisen in werkbare wensen te veranderen?

Vergroot de oplossingsmogelijkheden.

Je sterke kanten en kwaliteiten helpen je – ook bij tegenslag – altijd weer verder. Wat geeft je energie? Waar kun je ongestoord werken? Wat zijn jouw positieve eigenschappen? Welke deeloplossingen zijn er nu al beschikbaar?

Voorafgaand aan overbelasting kan er veel mis zijn gegaan met anderen. Je kunt vol verwijten zitten over allerlei onrecht. Probeer niet verstrikt te raken in je wraakgedachten, ze werken averechts. De kans dat je gelijk krijgt is klein omdat je werkomgeving waarschijnlijk met heel andere dingen bezig is.

Verwerk met een neutrale buitenstaander (een coach of therapeut) wat er gebeurd is en richt je op een betere toekomst. Maak geen vijanden, maar *vergeef de ander én jezelf*, zodat je veilig, zonder schuld en met een schone lei verder kunt. Moeilijke mensen en hun *onvermogen* moeten je hoofd weer uit, herhaal vanbinnen: 'Ik vergeef je, ik wens je het beste en... ik laat je vrij.'

8
Praten

Hij komt binnen in zijn strakke fietstenue en begroet me joviaal, met humorvolle helderblauwe ogen en een frisse glimlach. Een graag geziene gast binnen zijn bedrijf. Iedereen mag hem, en iedereen weet hoe goed hij het doet. Maar de bedrijfsarts heeft hem doorgestuurd vanwege uitputtingsklachten en paniekaanvallen.

'Wat doe ik hier eigenlijk?' is zijn openingszin. Een zin die hij in de loop van de therapie regelmatig uitspreekt, vlak voordat zijn emoties aan bod komen.

'Dat zeggen mannen vaker tegen me, als ze hier in de stoel komen zitten,' zeg ik met een geruststellende glimlach.

Zijn uitputtingsklachten zijn nog wel te bespreken maar wanneer het over de paniek gaat, zie ik dat reddeloosheid zijn blik gaat bepalen.

'Het is toch belachelijk, waarom *voel ik me zo*?' is het startsein om al pratend de paniek te gaan begrijpen.

De worsteling met de angst is tegelijk een worsteling met hoe je moet zijn als man. Altijd opgewekt en sterk. Vooral niet onzeker en zeker niet angstig. En praten over je emoties? Daar heeft hij geen woorden voor geleerd.

'Wat gebeurt er precies wanneer je angstig wordt? Wat doet je lichaam? Wat is er – volgens jou – aan de hand met je? Hoe reageer je vervolgens? Wat voel je dan precies?' Voor hem zijn het moeilijk te beantwoorden vragen.

Hij kalmeert als ik hem help met het verwoorden van zijn paniekklachten. Ook mijn alternatieve, geruststellende verklaringen voor zijn lichamelijke angstverschijnselen maken hem rustiger.

Hij leert te praten, *hij leert het verband te zien tussen de druk van zijn leefregels en de druk in zijn lichaam.* Hij leert de triggers te herkennen en anders te reageren. Al worstelend en puzzelend leert hij fysiek en mentaal beter voor zichzelf te zorgen. En hij is steeds minder gespannen voor de gesprekken zelf.

De paniek neemt af. De alternatieve, geruststellende verklaringen voor zijn klachten worden geloofwaardiger. Aan het eind van de therapie herinner ik hem aan zijn 'beginzin' die regelmatig terugkwam.

'Weet je nog wat je zei aan het begin van de gesprekken: wat doe ik hier eigenlijk?'

Hij lacht dankbaar en ontspannen: 'Ik ben blij dat ik ben komen praten, Fred.'

Meer lezen:
Sterk, F., & Swaen, S. *Leven met een paniekstoornis.* Houten: Bohn Stafleu Van Loghum.

9

Draai het om

Je kunt van de realiteit een zorg of een zegen maken; een zorg betekent meer piekeren en verzet, en een zegen betekent nieuwe kansen zien!

Wat zou er gebeuren als je het leven zou gaan vertrouwen? Je kunt je druk maken omdat veel dingen niet zo gaan zoals jij het bedacht had, of je stelt je open voor de werkelijkheid en laat je verrassen door wat er nog steeds mogelijk is. Zoek daarnaast ook houvast aan alles wat er goed is gegaan.

De werkelijkheid gaat haar eigen gang, zonder ons om toestemming te vragen. Staak je verzet! Tachtig procent van onze problemen onstaan door ons gevecht met de realiteit. Alsof dat zin zou hebben, je kunt voldongen feiten niet veranderen. De wereld is niet bezig met onze eisen of verwachtingen.

Neem probleemsituaties precies zoals ze zijn, en vanaf dat unieke moment heb je een heel scala aan constructieve mogelijkheden tot je beschikking. Al je energie en creativiteit komen vrij voor je persoonlijke groei. Vraag je steeds af wat je zou kunnen doen als je de werkelijkheid zou accepteren, vanuit de rustig makende gedachte dat er telkens weer betere kansen zullen komen.

Kortom, niet zeggen: ‘Waarom is dit gebeurd?’ of ‘Dit had niet mogen gebeuren’ maar simpelweg constateren: ‘*Het is zoals het is en wat kan ik nu doen*?’

Voorbeeld

De moeder van Lucas was al jaren alcoholverslaafd en nam geen enkele verantwoordelijkheid voor haar eigen gedrag. Lucas probeerde de realiteit te ontkennen door overdreven voor zijn moeder te blijven zorgen en zo veel mogelijk de schade te beperken. Dat had hij van jongs af aan al gedaan.

Op den duur raakte Lucas volledig uitgeput, het bleek onmogelijk de last van twee levens te blijven dragen. Zijn moeder beloofde soms dat ze zou veranderen, maar er gebeurde niets.

Lucas moest leren de realiteit onder ogen te zien, zijn moeder was verslaafd en daar kon Lucas niets aan veranderen. Hij noteerde wat hij voor zijn moeder kon betekenen zonder haar verantwoordelijkheid over te nemen:

- Wel *zorgvuldig* zijn, maar stoppen met mijn overdreven zorggedrag. Dit betekent: mijn moeder de weg wijzen naar de hulpverlening, maar niet langer meer haar leven overnemen.

- Ik kan alleen mezelf helpen en 'genezen' van mijn *zelfopoffering*, en zo op zijn minst het goede voorbeeld geven.

- Door niet meer voor haar te zorgen spreek ik mijn moeder aan op haar eigen *keuzevrijheid* of *verantwoordelijkheid* en niet op haar onvermogen.

- Ik mag erop *vertrouwen* dat de werkelijkheid goed is zoals ze is, het heeft geen zin te sleutelen aan de feiten.

- Mijn zelfopofferende gedrag is gebaseerd op de *eindeloze zieligheidsfantasieën* over mijn moeder; de werkelijkheid is niet altijd aangenaam, maar nooit zo dramatisch als mijn zelf gecreëerde rampverhalen.

- Mensen zullen pas veranderen als ze zelf hun *lessen geleerd* hebben, niet eerder. Dus zelfs als mijn moeder geen hulp zoekt, zal ik dat moeten accepteren.

- *Liefde geven* en emotioneel steunen is belangrijker dan iedere vorm van zelfopoffering.

- In plaats van mijn gevoelens te ontkennen, kan ik ruimte maken voor mijn verdriet en leren mezelf te *troosten*.

Het omdraaien van de gedachte 'ik moet voor mijn moeder zorgen' naar 'mijn moeder mag voor zichzelf zorgen' hielp Lucas – met vallen en opstaan – beter voor zichzelf te zorgen en geleidelijk aan af te kicken van zijn zelfopofferende gedrag.

Zelfopofferend gedrag loslaten is zwaar. Combineer het leren loslaten altijd met het geruststellen van jezelf. Met de kracht van meditatie, positieve affirmaties en al het goede in en om je heen, zul je meer innerlijke rust ervaren.

Besef dat er een verschil is tussen de werkelijkheid en de verzonnen verhalen in je hoofd en dat je kunt kiezen voor het kalm aanvaarden van de realiteit.

Draai je negatieve gedachte om, het is maar beeldvorming. #StelDatHetLukt?

10

Vriendelijk loslaten

Relaties komen en gaan. Soms is een afscheid tijdelijk, maar het kan ook blijvend en onomkeerbaar zijn. Afscheid of een verlies ervaren doet pijn, daar kunnen we niets anders van maken. Als we een relatie los moeten laten zijn we geneigd te hard of kritisch te worden, vaak met veel zelfverwijt. Alsof er iemand de schuld moet krijgen voor de pijnlijke gevoelens.

Bij een afscheid blijft het extra belangrijk te kijken naar je eigen gedachten, ze kunnen het je flink moeilijk maken als je ze zomaar voor waar aan zou nemen. *Gedachten zijn geen feiten*. Ook al voel je pijn, het betekent niet dat je kracht of zelfwaardering verdwenen is. Besef dat veel anderen met soortgelijke moeilijkheden worstelen. Verdriet na verlies is onvermijdelijk. Iedere emotie verdient ruimte, maar zal ook weer verdwijnen. *Benoem je gevoel,* emoties toestaan helpt je bij je verwerking.

Je behoudt altijd de mogelijkheid om een nieuwe toekomst te bouwen. Een breuk hoeft niet steeds weer bevestigd te worden met boos makende of met schuld beladen verhalen. Loslaten met liefde geneest je wonden en voegt geen overbodig lijden aan de pijn toe.

Als iemand uit je leven verdwenen is, probeer dan mild en vriendelijk te blijven. Zodra je dreigt te verdrinken in je negatieve gedachten kun je troost zoeken in liefdevolle woorden die je geruststellen en kalmeren. *Waarom zou je jezelf ooit in de steek laten?* Liefde is groter dan pijn.

Vroeg of laat eindigen alle relaties, ongeacht hoe kort of lang ze geduurd hebben. Wellicht kun je nagaan wat deze afgesloten relatie je gebracht heeft:

- Wat heb je ervan geleerd?
- Hoe heeft deze relatie je leven verrijkt?
- Wat voor mooie dingen kunnen er nog komen?
- Hoe kun je de beste herinneringen koesteren?
- Hoe heeft deze relatie je dichter bij je hogere zelf gebracht?
- Kun je, ondanks de pijn, licht en liefde blijven toevoegen?
- Wat kun je aan constructieve dingen meenemen?
- Wat zie je voor je best mogelijke zelf in de toekomst?
- Heb je het geduld om van verdriet naar innerlijke rust te gaan?

Je blijven verzetten tegen de realiteit heeft geen zin. Denken 'het had niet mogen gebeuren' is een vorm van *ontkenning*. Vaststellen 'het is gebeurd, en gegaan zoals het gegaan is' brengt je dichter bij een geruststellende vorm van *acceptatie*. Alles verandert steeds en een voorbije relatie verdient een gezonde afronding, het hoeft zeker niet te betekenen dat jij mislukt bent.

Ieder mens heeft verschillende kwaliteiten, ze zijn een toevluchtsoord in zware tijden en niets kan je waardevolle eigenschappen uitvlakken. Ervaar hoe je goedheid zich als een warm gevoel in je verspreidt. Doordat je voelt en weet wie je echt bent, hoef je niet langer meer te handelen vanuit negatieve overtuigingen, of je wanhopig vast te klampen aan anderen. *Jij bent genoeg, dat zal zo blijven!*

Net zoals ons leven heeft onze dierbaarste relatie een begin en een eindpunt. *Een relatie is voltooid bij het afscheid.*

Ook al doet het loslaten pijn, we zijn in staat dit verdriet te verwerken en het met levenswijsheid te leren accepteren.

Gelukkig kent de liefde geen beperkingen, en kan ze op vele manieren voortleven in ons hart.

11
Lezersvraag: puberdochter

Vraag

Mijn dochter van zeventien is erg onzeker over haar uiterlijk. Ze vergelijkt zich vaak met anderen en is ook kritisch op zichzelf. Ik weet niet goed wat ik kan zeggen of doen om haar te helpen iets meer vertrouwen te krijgen. Tegen haar zeggen dat ze mooi is, wat echt zo is, helpt niet.

Antwoord

Je dochter is op weg naar haar volwassenheid en dat gaat gepaard met een flinke onzekerheid over haarzelf en haar positie in de wereld. Ze zoekt houvast bij haar vrienden en in haar 'buitenkant'. Het eindpunt van deze worsteling is een zelfstandige vrouw met meer zelfvertrouwen.

Jij vindt haar mooi, maar zij is het daar niet altijd mee eens. Je goedbedoelde adviezen ketsen af op haar behoefte aan zelfstandigheid. Mijn advies is dan ook: ga actief luisteren wanneer haar stemming weer zo laag is, dus zonder te oordelen, analyseren of adviseren. Geef alleen je mening als ze erom vraagt. Zo bouw je aan vertrouwen in jullie relatie en kan ze die relatie leren gebruiken als een buffer tegen de onvermijdelijke stress en onzekerheid in haar leven.

Een krachtig cadeau dat je haar kunt geven is vertrouwen. Bijvoorbeeld door haar te helpen haar kwaliteiten te benoemen en te verwijzen naar haar groeimomenten. Of door het delen van je eigen worsteling met je zelfbeeld in moeilijke tijden. Of gewoon, door haar te troosten.

Je positie als moeder is aan het verschuiven en dat is goed, omdat zij zo de ruimte krijgt om haar binnenkant te leren kennen en te hanteren.

@PsychologieMagazine

12
Wat zijn jouw sterkste kanten?

Iedereen beschikt over sterke kanten. Welke sterke kanten heb jij? Wat bepaalt jouw draagkracht?

Uit onderzoek blijkt dat mensen die hun sterke kanten kennen en meer gebruiken, gelukkiger zijn, beter presteren en veerkrachtiger weten om te gaan met allerlei tegenslagen. Ook blijkt dat je je minder sterke eigenschappen kunt verbeteren of kunt compenseren met je persoonlijke kwaliteiten. Je herkent je eigen sterke kanten omdat ze je *energie* geven, ze bij je *passen* en omdat je ze gebruikt bij alles waar je *goed* in bent.

Stel, met behulp van onderstaand 'Classificatiesysteem van sterke kanten', je eigen top vijf van sterke kanten samen en ga na hoe je deze kwaliteiten kunt toepassen en uitbreiden in je leven. Wanneer je je sterke kanten zo veel mogelijk inzet zullen je welzijn en voldoening zeker toenemen. Je sterke kanten kun je uitgebreider gratis online testen via de volgende link: http://sterkekanten.pro.viasurvey.org/.

Welke kanten geven je *energie*? Wat doe je graag? Waar ben je redelijk *goed* in? Geef met een cijfer tussen 1 en 10 aan in welke mate de onderstaande sterke kanten *bij je passen*:

1. Wijsheid en kennis

Vijf sterke kanten voor het ontwikkelen en gebruiken van kennis

- Creativiteit: ...
- Nieuwsgierigheid: ...

- Open houding en dingen van alle kanten bekijken: ...
- Graag leren: ...
- Perspectief zien en goed advies aan anderen geven: ...

2. Moed

Vier sterke kanten die ervoor zorgen dat je je doelen, ondanks tegenslagen, behaald

- Moed: ...
- Doorzettingsvermogen: ...
- Integriteit en echtheid: ...
- Vitaliteit en levenslust: ...

3. Menselijkheid

Drie sterke kanten die zorgen voor liefdevolle relaties

- Liefde: ...
- Vriendelijkheid: ...
- Sociale intelligentie en gevoelsbegrip: ...

4. Rechtvaardigheid

Drie sterke kanten die bouwen aan een gezonde samenleving

- Sociale verantwoordelijkheid en loyaliteit: ...
- Eerlijkheid: ...
- Leiderschap: ...

5. Zelfbeheersing

Vier sterke kanten die beschermen tegen excessen

- Vergevingsgezindheid: ...
- Bescheidenheid: ...
- Voorzichtigheid en zorgvuldigheid: ...
- Zelfcontrole: ...

6. Transcendentie
Vijf sterke kanten die je verbinden met iets groters dan jezelf en zorgen voor zingeving

- Waardering voor de mooie dingen in het leven: ...
- Dankbaarheid: ...
- Hoopvol zijn: ...
- Humor en speelsheid: ...
- Spiritualiteit: ...

Welke sterke kanten/eigenschappen passen het best bij jou? Welke gaf je de hoogste cijfers? Waar ben je het meest trots op? Waar heb je, tot nu toe, veel mee gedaan in je leven? Welke kanten heb je nodig bij eventuele uitdagingen en kun je verder ontwikkelen?

Bron en verder lezen:
Bannink, F. *Positieve psychologie: De toepassingen.* Amsterdam: Boom.

13

Het lijden dat je vreest

Ergens bang voor zijn kost veel energie. Als de angst gegrond is, dan is die energie goed besteed aan het bevechten van of proberen te ontvluchten aan de reële bedreiging.

Vechten met of vluchten voor *ingebeelde* bedreigingen, is verloren energie. Bovendien blijft de dreiging hierdoor zeer geloofwaardig en dus belemmerend aanwezig in je leven.

Iemand met een angststoornis weet dat de vrees ongegrond is, maar kan de angst niet onderdrukken wanneer hij of zij geconfronteerd wordt met de angstopwekkende trigger of situatie.

Veel mensen met een angststoornis zeggen dat ze zich schamen voor hun angst. Ze noemen hun angst belachelijk, teleurstellend of zwak. Hoe langer ze last hebben van hun angst des te groter de schaamte. De combinatie van het onrealistische karakter van hun angst met de onbedwingbare neiging om te vluchten, maakt ze extra gevoelig voor zelfverwijt.

Je kunt dus angstig worden en tegelijkertijd 'weten' dat je angst irreëel is. Deze schijnbare tegenstelling is het gevolg van de opbouw van ons brein, die uit grofweg drie delen bestaat: een reflexmatig deel, een sociaal/emotioneel deel en een meer rationeel deel.

Angstige emoties worden getriggerd in de onderste reflexmatige regionen van het brein, terwijl het rationele deel kan denken: wat reageer ik toch vreemd en schrikachtig. Het oudste reflexmatige deel van het brein neemt in noodgevallen zelfs de controle over en schakelt tijdelijk het rationele deel uit. Je moet bij gevaar razendsnel kunnen reageren.

Hoe je zelf aankijkt tegen het lijden dat je vreest, is onderdeel van de oplossing. Mag je je eigen angsten gaan begrijpen, zonder schuld of schaamte? Mag je begrip hebben voor het feit dat je ooit geleerd hebt bang te zijn voor bepaalde triggers/situaties die nu weer veilig zijn?

Kun je begrijpen waardoor en wanneer je zo gevoelig bent geworden voor deze angst? Wat is het verhaal achter je angst? Geef je jezelf toestemming om de oorzaken van je schrikreacties aan te wijzen in het verleden? Begrijp je waarom je er nu zo mee omgaat? Mag je jezelf accepteren, inclusief de angst?

Met iets meer zelfacceptatie ben je al een heel stuk verder. Want de angst zelf is, in kleine stappen, meestal redelijk goed te hanteren. Maar zonder begrip voor je angstgevoelens zijn je zelfkritiek en mening over je angst een stuk lastiger bij te stellen.

Een angstreactie kun je opdelen in drie fasen: de anticipatie-, de confrontatie- en de evaluatiefase. Iedere fase biedt een mogelijkheid om de angst beter beheersbaar te maken.

In de aanloop naar de angstopwekkende situatie (de *anticipatiefase*) is het van belang de spanning los te leren laten en een goede afloop te visualiseren. Gebruik ter voorbereiding ontspanningsoefeningen en positieve affirmaties of helpende mantra's. Zie duidelijk voor je dat je de angstsituatie *wel* aankunt.

Tijdens de *confrontatie* met de angstopwekkende situatie is het oefendoel om de aandacht van de angst naar je taak te verschuiven en redelijk ontspannen te leren blijven. Neem jezelf bij de hand, praat jezelf moed in en relativeer je perfectie-eisen.

Ten slotte zijn, na de confrontatie, in de *evaluatiefase* positieve conclusies belangrijk. Wat is gelukt, en aan welke vaardigheden heb je dat te danken? Beloon jezelf voor je moed en noteer wat er goed ging.

De bovenstaande drie fasen bieden je de mogelijkheid ook corrigerende anti-angstervaringen op te doen. Met behulp van kleine oefenexperimenten kun je je brein helpen het denkbeeldige gevaar te toetsen en te relativeren. Tenminste, als je het lijden echt mag vrezen en ervan mag leren.

Vooraf, tijdens en na een moeilijke situatie kun je gebruikmaken van de volgende anti-angstaffirmaties:

Je angst wel voelen, maar niet voeden met oude rampgedachten. #emotie #observeren

Ook als ik angstig of onzeker ben, hou ik van mezelf en accepteer ik mezelf.

Het interessante van angst? Chronische vermijding van angst vergroot je gevoel van onveiligheid. #paradox

Breek je vrij van de angst [je naam], het is nu je dag. #ontspan

Het zijn maar gedachten, ze komen en gaan. #geenfeiten

Angst is niet zo bijzonder. Je niet klein laten maken, dat is bijzonder. #coping

Met het benoemen van je (angst)emotie en de denkfouten in je redenaties, zie je de spanning wegstromen. #ontspan #perspectief

Navigeer naar je vertrouwen, corrigeer de denkfouten. #denkgroter

Je hoeft niet meer te vechten met jezelf, je mag zijn wie je bent. Onafhankelijk van het onvermogen en het oordeel. *Iedere dag sterker en gezonder*. #vrij

14
Transformeer zelfopoffering

Als er in je jeugd een duidelijk tekort aan aandacht, warmte, emotionele steun, erkenning en veiligheid was dan heeft dat grote gevolgen voor je zelfvertrouwen. Deze emotionele tekorten veroorzaken later veel pijn en onzekerheid. Je zelfwaardering blijft laag en je kunt gaan denken dat je door je eigen 'tekortkomingen' geen recht hebt op de zorg van anderen.

Je oude pijn maakt je extra gevoelig voor de behoeften van anderen. En omdat je inmiddels geleerd hebt dat jij toch niet belangrijk genoeg bent ga je te veel voor anderen zorgen. Meestal voor precies dezelfde mensen – of mensen die veel op hen lijken – die jou tekort hebben gedaan. Je blijft maar *geven, geven en geven* aan de eeuwige 'slachtoffers' in je omgeving die gespecialiseerd lijken te zijn in het opwekken van medelijden en het uitbuiten van jouw goedgeefsheid.

Wat zou er gebeuren als je je zelfopofferende gedrag zou omdraaien? Zodra je pijn opmerkt in je omgeving besteed je extra aandacht aan je eigen gedachten. *Door jezelf gerust te stellen en te kalmeren wordt de ander automatisch ook rustiger.*

Bevestig dat je jezelf onvoorwaardelijk zult steunen. Probeer heel bewust je zelfopofferende gedachten te transformeren. Bijvoorbeeld door jezelf de volgende vier meditatieve vragen te stellen:

- Ben ik zelf nu wel voldoende uitgerust?
- Trek ik gezonde, helpende conclusies, zonder een misplaatst medelijden?
- Denk ik redelijk en genuanceerd, bevrijd van onterechte schuldgevoelens?
- Mag ik *leren* van mijn ervaringen en mijn reddershouding loslaten?

Door zelf een constructief voorbeeld te geven leer je anderen de beste, bemoedigendste manier om hun problemen aan te pakken en de oplossingen in zichzelf te vinden. *Werk aan jezelf, help en heel jezelf.* Dat is gelukkig ook de ultieme vorm van hulp voor de mensen om je heen.

We kunnen alleen onszelf veranderen. Iets oplossen voor een ander werkt niet omdat hij/zij eerst voldoende van het leven geleerd moet hebben en *klaar moet zijn* voor de gewenste veranderingen. Vooral chronische klagers zijn nog ver van hun eigen kracht verwijderd.

Liefde, vriendschap en begrip werken beter dan het stuur van iemand overnemen. Kun je het geduld en de zelfbeheersing opbrengen om anderen de tijd te geven zichzelf te worden? Vertrouw erop dat zij, net als jij, al het goede al in zich hebben en daar volop gebruik van mogen maken, zodra ze er klaar voor zijn!

Extra aandachtspunten

- Onderbreek de automatische zorgpiloot met een liefdevolle vriendelijkheidsmantra, zoals:
  Ik ben goed, gezond en gelukkig;
  Jij bent goed, gezond en gelukkig;
  Jullie zijn goed, gezond en gelukkig.

- Creëer meer rust en zelfcompassie, verwonder je, laat je ontroeren, dat heeft een groter effect dan schuldgevoel.

- Wees aardig, maar voel je niet langer verplicht om iedereen gelukkig te maken.

- Vraag jezelf af, voordat je in de 'te veel geven'-houding schiet: komt deze persoon uitsluitend halen of ook iets brengen, alleen maar nemen of ook iets geven? Check je zorgbalans.

- Dwangmatig zorgen vanuit oude pijn en/of emotionele verwaarlozing heeft een averechts effect en is nooit genoeg. Mensen helpen vanuit je hart blijft zuiver, goed en vruchtbaar.

15

Woede over onrecht

Als in een draaikolk van woede komt hij binnen. Ziedend spuwen zijn ogen vuur. De druk is groot, dat was me al duidelijk door de paniekaanvallen waarmee hij worstelt.

Maar er is meer. De pijn, de werkdruk, andere stressoren en frustraties in zijn leven krijgen een zelfdestructieve betekenis in zijn brein. Namelijk die van een groeiend gevoel van onrechtvaardigheid. En de volgende stap in deze negatieve spiraal is de onterechte opvatting over zichzelf dat hij het verdient, een 'onrechtvaardige' behandeling door het leven.

Ik moet hem in dit gesprek – vriendelijk, maar beslist – wakker zien te schudden uit zijn nachtmerrie. Zo mag hij niet vertrekken. Ik luister naar zijn relaas en wanneer ik de kans krijg, breek ik in:

'Ik begrijp dat je veel druk ervaart en dat je woedend bent over wat je allemaal hebt meegemaakt. Maar als ik goed naar je luister hoor ik vooral een toon van "onrechtvaardig behandeld worden door het leven". En dat is volgens mij niet pluis, dat klopt niet. Jij wordt niet uitgekozen met de intentie je onrechtvaardig te behandelen. Wat je meemaakt zijn de veelvoorkomende tegenslagen en frustraties van het leven.'

'Het gevaar van *je opvatting over onrechtvaardigheid* is dat je de controle uit handen geeft waardoor de druk en de woede alleen maar toe zullen nemen. Hiermee vergroot je de kans dat je die woede op jezelf of een ander gaat richten. Dát is wel destructief, want dát verdien je niet. Bovendien leer je zo niet de druk te verlagen, door beter voor jezelf te zorgen en meer te gaan zien van wat er *wel* lukt in je leven.'

Het leven of jezelf verwijten dat je oneerlijk behandeld wordt, is een vorm van verzet die te veel spanning veroorzaakt. Zonder weerstand kun je oplossingsgericht gaan doen wat de probleemsituatie van je vraagt.

Ik kan hem wakker schudden, omdat ik hem begrijp. Omdat hij dat toelaat. Maar ook omdat ik deze zelfdestructieve houding herken in de vorm van een meedogenloosheid en/of perfectionisme richting mezelf. En ik begrijp waarom mijn brein – uit gewoonte – heel gemakkelijk deze destructieve denkstappen maakt.

Voorzichtig beginnen zijn opvattingen te bewegen. Ik zie de spanning langzaam wegebben. Het benoemen van een actieve, negatieve kernopvatting heeft vaak een bevrijdend effect.

Het herkennen van je gevoelens betekent ook dat je je pijn mag *erkennen*. Zo kun je leren dat het loslaten van je oordelen en meningen je bevrijdt, dat je wint als je niet langer strijdt tegen niet-realistische verwachtingen of tegen de frustratie en tegenslagen die nu eenmaal bij het leven horen.

Natuurlijk zal hij nog regelmatig tegen zijn negatieve kernopvatting aanlopen. Maar nu voelt hij hoe het is om die negatieve spiraal te doorbreken en een alternatieve houding/opvatting te ontwikkelen ten aanzien van stressvolle gebeurtenissen en pijn.

Een vriendelijker houding. Een houding die zegt dat hij de onrechtvaardigheid los mag laten en zich mag focussen op zorgen voor zichzelf en zijn dierbaren.

16

Woordtherapie

Wanneer je gericht bent op constructieve informatie kun je een grote schat aan inspirerende, bewustzijnsverhogende verhalen of artikelen ontdekken, dat is een van de zegeningen van internet. We mogen naar hartelust studeren en spelen in een digitale megabibliotheek.

Positieve woorden tillen je omhoog van onvermogen naar bewust-zijn. Uit eigen ervaring geloof ik heilig in de kracht van woordtherapie of woordmeditatie. Zolang als ik boeken schrijf (en veel zelfhulpboeken lees) ben ik al gefascineerd door de schoonheid van optimistische, begrijpelijke teksten.

Hoe gecompliceerd ons denkbrein ook mag lijken, ons bewust-zijn is puur en zuiver en heeft genoeg aan eenvoudige, korte, heldere instructies. Als je bijvoorbeeld 's avonds voor het slapen steeds verder verstrikt raakt in je piekerverhalen, zou je ook je aandacht kunnen richten op de volgende wensmantra. Herhaal simpelweg:

> 'Mijn aller*beste,* aller*hoogste,* aller*liefste,* aller*grootste* wensen komen uit. Ik ben *dankbaar.* Dank je wel. Bedankt!'

Doe even net alsof *al* je wensen vervuld zijn, droom weg op dat gevoel. De combinatie van wensdromen én bedanken is voldoende om op een prettige, tevreden manier de dag af te sluiten.

Na een aantal herhalingen kun je, rustig ademend, overgaan op een slaapmantra: *geloof, hoop, liefde, rust* (of vier zelfgekozen woorden). Het ritme van deze mantra werkt ontspannend en kalmeert je brein. Zo raak je eraan gewend om, met behulp van mantra's, jezelf te trainen positiever te denken voor het slapengaan, op weg naar een veelbelovende nieuwe dag.

Nog een voorbeeld: als je maar blijft doormalen over onterechte kritiek of geroddel van anderen, dan is het handig om te bedenken dat de mening van anderen meestal een reflectie is van hun eigen onvermogen en niets over jou zegt. Of zoals een bekende artiest opmerkte nadat hij door een collega belachelijk werd gemaakt in diens biografie: 'Weet je, eigenlijk zit hij met zijn boek gewoon in een heel grote spiegel te kijken. Wat hij zegt over een ander, gaat eigenlijk over hemzelf.'

Waarom zou je je gelijk bij een ander moeten halen? Gelijk zit vanbinnen. Stop met fantaseren over iemands motieven en stel jezelf gerust met de mantra: 'goed en integer'. Hiermee bekrachtig je je zuivere intenties en bevestig je aan jezelf dat jouw inzet betrouwbaar en oprecht blijft. En, indien nodig, altijd voor verbeteringen vatbaar is. Twee woorden, maar met een magische, troostende werking.

Woordtherapie maakt de weg vrij naar een bewuster leven, het is een prettige meditatiemethode voor het opruimen van ingewikkelde piekerpatronen en via de genezende mantra's herstel je het contact met alle *liefde, kracht, vreugde en vrede* van je hogere zelf.

17
Onveilig opgroeien

'Dolly is de enige die van me houdt,' hoor ik m'n moeder nog zeggen, terwijl ze haar gezicht begraaft in de vacht van haar Maltezer leeuwtje, dat altijd bij haar op schoot zit.

De pijn die ze met zich meedraagt wordt nog geregeld getriggerd. En als dat gebeurt dan voel ik haar pijn, de somberheid, het wantrouwen dat bevestigd wordt. Nu, omdat ze vindt dat ze in de steek wordt gelaten door haar kinderen. Vroeger, door de mishandelingen en het vreemdgaan van haar man. Vroeger kon ze woedend worden, dreigend dat ze iedereen in de steek zou laten. Nu wordt ze somber en voelt ze zich hopeloos.

Ik begreep haar pijn, gezien haar geschiedenis. En ik compenseerde dat altijd al door veel voor haar en de andere kinderen te zorgen. Maar ik worstelde ook met haar dominantie. Haar regels waren wet. Tijdens mijn puberteit begreep ik dat ik moest voldoen aan haar beeld van hoe een man moest zijn.

Ze had ruzie met de buurjongen, een vriend van me. Ze droeg me op met hem te vechten. Hij stond buiten al kabaal te maken, me uit te dagen: 'Kom eens naar buiten, lafaard.' Ik kon het niet. Ik wilde niet vechten, zeker niet met hem. Ik rende weg via de achterdeur.

's Avonds liep ik alleen door de wijk, verloren en diep verdrietig. Ik kon niet meer naar huis. Dat was de eerste keer in mijn leven dat ik dood wilde. Ik liep langs het kanaal en dacht aan verdrinken, verdwijnen uit dit leven.

Gelukkig ben ik weer naar huis gegaan. Wel met m'n staart tussen de benen. Mijn moeder was teleurgesteld. Mijn vertrouwen in haar was aan diggelen.

Ik heb geworsteld met het niet voldoen in de ogen van mijn moeder. Het heeft me veel vertrouwen in mezelf gekost.

Haar opvattingen waren logisch in haar leven. Zij moest letterlijk vechtend mensen van zich afhouden. Ze was in de oorlog in de steek gelaten door haar ouders.

Toen ik het huis uitging en kort daarna in therapie, was dat de start van mijn bewuste ontwikkeling. Ik leerde veel in korte tijd. Over mijn emoties: mijn angst en verdriet. Over mijn dromen en verlangens. Over mijn minderwaardigheidsgevoelens. Ik ontdekte mijn sensitiviteit en creativiteit. De regel was eenvoudig maar oneindig moeilijk: *eerlijk zijn over je gevoelens en gedrag.*

Ik leerde dat ik veel pijn had overgenomen in de vorm van schuld en minderwaardigheid. Die gevoelens verdwenen niet zomaar. Ze moesten uitgedaagd worden, dagelijks. Door acties die ingingen tegen mijn angst om niet te voldoen. De gewone uitdagingen van het leven werden therapeutisch. Met iedere stap werd de minderwaardigheid bewust ter discussie gesteld. Met ieder resultaat groeide m'n vertrouwen en trots.

En ik groei door, me realiserend dat de vechtershouding, de minderwaardigheids- en schuldgevoelens losgelaten *moesten* worden om te komen tot een liefdevol en optimistisch bewustzijn. We evolueren vanuit eerlijkheid en compassie naar wie we werkelijk zijn.

18

Van verhalen naar verlichting

Taal en gedachten zijn waardevol en nuttig. Maar er kan een probleem ontstaan als je bijna al je gedachten als een absolute waarheid gaat zien, zonder ze te relativeren of er enige afstand van te nemen.

Ons hoofd kan te vol raken met allerlei angstfantasieën, verwachtingen, eisen, verwijten, frustraties of negatieve verhalen. We kunnen er de hele dag mee bezig blijven. Vaak veroorzaken ze veel spanning. Iedere poging om ons brein onder controle te krijgen lijkt een averechts effect te hebben. Toch is er wel degelijk een uitweg en hoop. We hoeven alleen maar iets dieper te kijken, met iedere ademhaling onze aandacht te verplaatsen van ons hoofd naar ons hart.

In de veilige omgeving van ons hart, *voorbij ons denken en al onze verhalen*, bevindt zich een oneindige ruimte van kalmte, licht en goedheid. Via deze krachtbron zijn we onvoorwaardelijk met alles en iedereen verbonden en staan we in contact met het hoogste in en om ons heen.

Elke goede, opbouwende of liefdevolle bezigheid activeert automatisch een straaltje licht voor jou en je omgeving. Hoe meer je in contact staat met jezelf, des te lichter en verlichter je leven wordt. Je ervaart op het diepste niveau dat je goed, gezond en gelukkig mag zijn.

- Ben je in staat de ruimte te ontdekken tussen je verhalen?
- Observeer kalm wat er vanbinnen gebeurt.
- Waar gaat je volgende gedachte over?

De opening tussen je gedachten is puur bewustzijn, vol nieuwe energie en zeer rustgevend. Zomaar binnen handbereik. Dat is ook de reden waarom positieve affirmaties zo effectief kunnen zijn; ze resoneren feilloos mee met je basisgoedheid, ze mobiliseren al je ontwikkelingsmogelijkheden.

De werkelijkheid van dit moment is altijd vriendelijker dan de drama's of illusies die je eigen brein produceert. Benoem je verhalen, maar *geloof ze niet.* Zodra je het verschil kent tussen de realiteit en je *gedachten over* de realiteit ben je al voor een groot deel bevrijd. *Je gedachten geloven staat meestal gelijk aan lijden, als je vriendelijk weigert ze serieus te nemen, voelt je leven al lichter.*

Wanneer een ander ons zou opdragen zeer emotioneel te reageren, drama te maken of iets te doen wat slecht voor ons is, zouden we het waarschijnlijk weigeren, waarom luisteren we dan wel naar onze eigen onredelijke gedachten?

Bij de verhalen die je pijn bezorgen kun je grote vraagtekens zetten, ze zijn meestal gewoon niet waar! Gebeurtenissen blijven *incidenten*. Durf je erop te vertrouwen dat ze perfect in een groter geheel passen en dat geluk alleen voort kan komen uit vertrouwen?

Anderen hebben jouw aanwezigheid, talenten, liefde en vriendelijkheid nodig. Niemand heeft er iets aan dat je jezelf laat diskwalificeren door negatieve verhalen. Steun jezelf met de volgende positieve affirmaties:

Je naam: ...

Jij bent het licht, behandel jezelf met zorg, respect en liefde.
Ieder moment mag je kiezen voor vrede, vertrouwen en gelijkmoedigheid!

Jij bent het licht, de bedoeling is dat je voluit schittert.
Liefde heelt, deel je liefde.
Leef nu, in harmonie met jezelf en de wereld.

Jouw erkende kwaliteiten stralen en dansen in het licht.
Het schitterende licht opent je dag. Je bent hier nu, dat is al bijzonder.
Groei door, laat je verwarmen door het heldere licht en deel je kracht, mooi mens!
Wees er trots op dat je jouw levenspijn verwerkt; je perspectief zal verschuiven naar het licht en vertrouwen.
Denk nog groter en kijk naar het licht, je beste versie staat te trappelen. #optimisme

Negatieve gedachten verliezen hun invloed met iedere stap naar het licht. #optimisme
Door de angst heen zie je de vrijheid huppelen en spelen in het schitterende licht. Ontspan en denk groter.
Het gaat niet om jou, het gaat via jou. Je bent de drager van het licht, geef het goede door. #schitterend #licht

19
Roofkip

Ze kijkt woedend en verdrietig terwijl ze vertelt over de pijnlijke situatie waarin haar man 'versierd werd' door een prachtige jonge vrouw tijdens een receptie.

'Hoe durft die roofkip!' roept ze gekwetst uit. 'Ze trok alle aandacht naar zich toe. Ik ben zijn vrouw en daar heeft zij rekening mee te houden!'

'Dat doe je toch niet?' vraagt ze me, steun zoekend.

'Hoezo niet?' vraag ik terug met een glimlach. 'Roofkippetjes zijn van alle tijden. Er zijn nu eenmaal mensen die leven op aandacht, die veel bewondering nodig hebben.' Ik maak een theatraal gebaar met een brede lach, alsof ik opkom, en roep: 'Hier ben ik, de schoonheid waarop jullie allen zitten te wachten.'

Haar man biedt zijn excuus aan en zegt dat hij deze jonge vrouw inderdaad te veel aandacht heeft gegeven en voegt eraan toe dat zijn vrouw bang is.

'Nee, ik ben niet bang,' reageert ze boos en als gestoken. 'Ik hou gewoon niet van roofkippen.'

'Wellicht gaat het niet om die roofkip, maar gaat het om je angst niet te voldoen en hem kwijt te raken?' vraag ik indringend. 'Het klinkt alsof je wel bang bent.'

Er valt een stilte. Vervolgens komen de tranen, woorden vol angst en wantrouwen rollen over haar lippen. Hoe kan hij van haar blijven houden als er zulke aantrekkelijke en gewiekste vrouwen rondlopen? Ze voelt zich onaantrekkelijk en niet iemand om van te houden.

Begrijpend ontvang ik de angst en zeg: 'Eerst was je bang nooit een man te krijgen die het leven volledig met je zou delen en nu heb je zo'n man en ben je weer bang hem kwijt te raken, niet te voldoen.'

Ze lacht, want het klopt.

'Jullie relatie is in de beginfase, je laat je nog te snel op de kast jagen en loopt te veel op je tenen.' Angstige gedachten over liefde en een relatie kunnen zo'n effect veroorzaken.

Het is niet de bedoeling alle bedreigingen *buiten jezelf* uit te bannen, maar dieper te kijken. Je moet naar binnen bij elkaar. Laten zien wat er echt speelt. Niet oppervlakkig maar driedimensionaal. Wat gebeurt er vanbinnen in je gevoels- en belevingswereld? Als je samen contact maakt met elkaars gedachten en gevoelens, dan kun je leren van elkaar en groeien. Liefde, vertrouwen en het durven ervaren van je emoties versterken je relatie.

Een liefdesrelatie is driedimensionaal. Het gaat over veel meer dan je uiterlijk of aandacht. Het is niet voor niets dat zoveel mensen ernaar op zoek zijn. Echte liefde is het goud. Maar het blinkt op het eerste gezicht niet altijd even mooi als de buitenkant van een jonge 'roofkip'.

20
De driekwaliteitentechniek

Iedereen die geïnteresseerd is in persoonlijke groei krijgt te maken met uitdagingen, leermomenten en frustraties. Vooruitgang laat zich niet afdwingen, maar je kunt er wel stapsgewijs aan blijven werken. Met behulp van de volgende oefening kun je leren je mentale en emotionele veerkracht te vergroten en jezelf door te ontwikkelen in de gewenste richting.

De driekwaliteitentechniek

Stap 1: Herhaal een geruststellende mantra: 'Rustig aan, [je naam], je kunt het aan!'

Stap 2: Gebruik je kracht. Welke van onderstaande kwaliteiten kun je voor deze uitdaging [benoem uitdaging] aanspreken en inzetten?

Stap 3: Sluit af met een beloning [benoem beloning] en herhaal de afsluitende mantra: 'Goed gedaan [je naam], nu weer rustig verdergaan...!'

Kwaliteiten:

- *Graag leren*: kennis en wijsheid vergaren, nieuwsgierigheid, van elke situatie iets willen leren.
- *Moed*: stapsgewijs, bewust en geduldig je angsten durven uit te dagen.

- *Doorzettingsvermogen*: niet opgeven als het moeilijk wordt.

- *Vriendelijkheid*: met liefde het menselijke in anderen blijven zien.
- *Eerlijkheid*: gemoedsrust en kracht halen uit je integriteit.
- *Zelfbeheersing*: begripvol het juiste antwoord zoeken op impulsen of gevoelens.

- *Vergeving*: het onvermogen van anderen en jezelf los leren laten.
- *Dankbaarheid en/of waardering*: het goede en de schoonheid in je leven zien.
- *Hoop*: blijven geloven, met gezond optimisme het beste verwachten.

- *Humor*: ontspannen relativeren, voldoende lachen, het leven lichter maken.
- *Positief leiderschap*: sociaal welbevinden bevorderen, stimuleren en motiveren.
- *Verantwoordelijkheid*: eerlijk en loyaal samenwerken.

Voorbeeld

Emma werkt al jaren in een modezaak voor het minimumloon. Ze zou graag iets meer willen verdienen, maar heeft het nooit aangedurfd om dit onderwerp te bespreken. Ze oefent met de driekwaliteitentechniek:

Stap 1: Ze herhaalt een geruststellende mantra: 'Rustig aan, Emma, je kunt het aan!'

Stap 2: Ze gebruikt haar kracht. Ze kiest welke drie kwaliteiten ze voor deze uitdaging (salarisverhoging vragen) kan aanspreken en inzetten.

– Kwaliteit: *Graag leren*
Activiteit: YouTube-instructiefilmpjes kijken met tips over hoe ze het beste kan onderhandelen. Uitzoeken welke onderhandelingsstrategieën haar kunnen helpen.

– Kwaliteit: *Moed*
Activiteit: op YouTube luisteren naar affirmaties van Louise Hay om haar zelfvertrouwen te vergroten. Positieve reclameboodschappen voor deze situatie maken (zie het boek *Denk je sterk*, hoofdstuk 10). Deze uitdaging in kleine stappen opdelen en als eerste stap een afspraak maken met haar baas.

– Kwaliteit: *Vriendelijkheid*
Activiteit: kalm en vriendelijk haar baas aanspreken en hem vragen om een afspraak. Duidelijk zeggen dat ze nog eens samen met hem haar arbeidsvoorwaarden wil bespreken.

Stap 3: Afsluiten met een beloning: deze voorbereiding en eerste stap toevoegen aan haar overwinningslijst. Een heerlijke mok cappuccino maken met een stuk pure chocolade erbij. Haar afsluitende mantra herhalen: 'Goed gedaan, Emma, nu weer rustig verdergaan...!'

Gelukkig hebben we allemaal onze eigen innerlijke schatkamer vol kwaliteiten. Blijf ze aanspreken en inzetten. Verzamel met behulp van een overwinningslijst alle eerdere successen in je leven. *Iedere dag opnieuw kun je nagaan welke talenten, sterke kanten en hulpbronnen je wilt toepassen.*

21

Emoties laten gaan

Onze basis van veiligheid, kracht en (zelf)vertrouwen zit altijd vanbinnen. Daar kunnen we steeds naar terugkeren en daar zullen we ook alle antwoorden vinden. Toch blijven we vaak krampachtig sleutelen aan de buitenkantproblemen. We willen de werkelijkheid veranderen. Je omstandigheden verbeteren is uiteraard mogelijk, maar als je blijft vechten tegen de realiteit, dan zul je het steeds weer verliezen.

In een tijd met zoveel onzekerheden en veranderingen is het van essentieel belang om meer houvast te krijgen. Bij het terugkeren naar je innerlijke veiligheid kun je de volgende drie stappen gebruiken voor het omgaan met problematische emoties:

Stap 1: Benoemen

Het loont zeker de moeite om aandacht te besteden aan je emoties. Je hoeft ze niet af te keuren of te veranderen. Wanneer je last hebt van een emotie zoals angst, verdriet of boosheid, probeer dan als eerste stap je emotie duidelijk te *benoemen*. Wat voel je precies, wat zit je dwars? Kijk er rustig naar en neem zo al een veilige afstand.

Stap 2: Onderzoeken

Vervolgens kun je als tweede stap geduldig het negatieve verhaal rond je emoties gaan *onderzoeken*. Welke oude pijn en welke gedachten worden er geactiveerd? Is er iets gebeurd waardoor je van slag bent? Is er een logische verklaring voor deze stress? Als het gevoel overdreven groot is werd er waarschijnlijk een oude wond geraakt.

Hoeveel procent van de pijn hoort er bij deze situatie en hoeveel bij vroeger? Soms kan deze informatie je al een beetje geruststellen omdat oude pijn niets over het heden zegt. Wellicht dat de huidige probleemsituatie kleiner is dan je dacht.

Stap 3: Loslaten

Ten slotte kun je als derde stap, na een korte adempauze, een mantra herhalen waarbij je jezelf toestemming geeft om het probleemgevoel en vooral het zelf gecreëerde drama los te laten.

VOORBEELD

'Ik uit mijn frustratie constructief en laat het gaan. Na een tijd voor verwerking of het laten helen van mijn wonden ben ik nu vrij van angst, en mag ik mijn angstverhalen loslaten.'

Of:

'Ik ben vrij van boosheid, en mag mijn woedeverhalen loslaten.' Zeg tegen je gevoel: 'Ik weet dat je me wilt helpen. Ik waardeer je alarmfunctie en sturing. Daar bedank ik je voor. Nu laat ik je gaan. Ik laat jou los en ik ben vrij... volledig veilig en beschermd.'

Inzicht geeft helderheid, kalmte en kracht en daardoor word je minder geraakt door alle buitenkantproblemen. Ben je in staat je gevoelens met een meditatieve houding te benaderen? Glimlach ernaar, onderzoek en verzorg ze met liefde. Je bent meer dan je gevoel.

Mensen zonder bewust contact met hun binnenwereld raken sneller verstrikt in de nooit eindigende drama's van de buitenwereld. Maar vanuit een verfrissende, rustgevende stilte maak je moeiteloos contact met *al het goede* vanbinnen, en ben je sterker dan ooit. Durf je de uitdaging aan om – voorbij alle dagelijkse stoorzenders – de vriendschap met je hogere zelf, je essentie, te herstellen?

22

Kijken, kijken. Niet kopen

We waren goed geïnformeerd over de babbeltrucjes die je tijdens de vakantie in de val kunnen lokken. Maar toch trapten we er met open ogen in. Het waren zulke leuke en betrouwbare mensen, zo leek het. We kregen een kraslot in de handen geduwd met de mededeling 'gratis en altijd prijs'. En we krasten een prijs, maar die moesten we dan wel even op gaan halen. Het zal je misschien niet verbazen, het kostte ons een halve vakantiedag om de colporteurs van ons af te schudden, gelukkig zonder iets te betalen.

De Nederlander staat in Spanje niet echt bekend om zijn vrijgevigheid. Nadat de zin een paar keer geroepen werd terwijl we langs de kraampjes liepen, begonnen we het maar lachend terug te roepen: 'Kijken, kijken, en niet kopen, hè.'

Natuurlijk, je zuurverdiende geld geef je niet zomaar uit. Je geld is je samengebalde en gespaarde energie en je kunt het maar één keer uitgeven. En, voordat de Nederlander het uitgeeft, wordt er eerst veel gekeken en vergeleken.

Je brein is constant bezig met het produceren van gedachten. Gedachten over jezelf, over je omgeving en je toekomst. Je bent het gewend, want het is heel gewoon: negatieve en positieve gedachten. Je brein kan de boodschappen goed aan je verkopen, met alle emoties en herinneringen die eraan gekoppeld zijn geraakt.

Negatieve emoties trekken de aandacht verder naar binnen en vragen om een oplossing. Een oplossing die 'uitgedacht' moet worden. Maar wanneer je binnen bent gehaald blijkt de prijs fake. Je denken draait in negatieve cirkels in een spiraal naar beneden en het kost je bakken met energie. De angst verdwijnt niet, maar wordt bevestigd. Uiteindelijk ben je verder van de oplossing dan je brein je had doen geloven.

Het is aan te bevelen een veilige afstand te houden van je gedachten, zoals je afstand houdt van de verkopers op de markt. En enkel 'in zee' te gaan met gedachten die werken en betrouwbaar zijn.

Een observerende houding ten aanzien van je gedachten schept de noodzakelijke afstand. Je leert dat je *meer* bent dan je gedachten als je je bewuster wordt van de 'waarnemer' in jezelf.

De afstand wordt duidelijker zodra je beseft dat gedachten geen feiten zijn. Ze zijn subjectief en hun toon is afhankelijk van wat je hebt meegemaakt en hoe je je voelt. *Met meer afstand kun je ze weer makkelijker loslaten.* 'Oh, nu denkt mijn brein dat ik niet goed genoeg ben; terug naar mijn ademhaling.'

- Gedachten zijn geen feiten en niet altijd waar.
- Ze bezitten ook geen magische krachten: je wordt niet wat je denkt.
- Gedachten zijn zeker niet waarneembaar door de buitenwereld.
- Je gedachtenwereld is een oefenruimte die je vooral niet moet belasten met eisen of geboden.
- *Gedachten zijn vrij.*

Dus, mijn aanbeveling voor het hanteren van je gedachtenwereld: kijken, kijken. Niet kopen!

23

Onze vriendin LIZ

Als je last hebt van sociale angst, dan voel je je zeer ongemakkelijk in groepen. Zodra je ergens naartoe moet waar meerdere mensen bij elkaar zijn, maak je je *van tevoren* al druk: 'Stel je voor dat ze me niet goed genoeg of raar vinden.' *Tijdens* de sociale bijeenkomst voel je je ongelukkig en klein en denk je overal kritische blikken te zien en *achteraf* kun je jezelf meedogenloos blijven afkeuren om al je vermeende tekortkomingen.

Sociale angst is anders dan andere angsten omdat deze angst – zodra je in contact komt met 'onveilige' anderen – direct je diepste minderwaardigheidsgevoelens kan triggeren en je zo uitschakelt en naar beneden haalt. Dit pijnlijke gevoel wil je het liefst voor altijd uit de weg gaan. Toch blijft het de moeite waard om in kleine stappen te oefenen met sociale situaties.

Vanuit je angst of het *overschatten van het gevaar* kun je anderen als je vijand of tegenstander gaan zien en dat maakt je probleem alleen maar groter. Andere mensen zijn niet het probleem, maar je *sociale angst* is het grootste obstakel.

Als een prettig houvaste voor sociale bijeenkomsten willen we je onze denkbeeldige vriendin LIZ als gezelschapsdame aanbieden. LIZ is een afkorting of mantra voor de volgende helpende begrippen:

Liefdevolle vriendelijkheid helpt je om milder naar anderen te kijken, daardoor verzachten je angst- en/of vijandsbeelden. Anderen alle geluk en – met geduld –

hun portie gelijk gunnen creëert veiligheid. Je feilbare medemensen goedkeuren geeft rust en positieve energie. Anderen zijn vrij om te denken wat ze willen.

Inspiratie stimuleert je om je met de *inhoud* en de opdracht van de sociale bijeenkomst bezig te houden en daardoor hoef je je niet langer meer te laten afleiden door je eigen angstgedachten. Zorg dat je jezelf zinvol vermaakt, glimlach en relativeer de meningen in je omgeving. Je *liefde voor het leren* blijft het mooiste wat er is.

Zelfcompassie biedt je de gelegenheid om de pijn te verzachten die ontstaat door het meedogenloos afkraken van jezelf. Bemoedig jezelf, blijf vertrouwen op je innerlijke kracht. Zie je mogelijkheden voor vergeving en/of verandering? Je bent nu al goed en je kunt – ondanks je angst – ook deze sociale bijeenkomst aan!

24

Voel je veilig in gezelschap

Om negatieve zelfuitspraken te voorkomen voor, tijdens of na een sociale bijeenkomst, kun je (digitale) teksten maken waarmee je jezelf ervan overtuigt dat je die situatie aankunt. Je kunt dit vergelijken met de opwekkende of aansporende woorden (peptalk) die sportmensen gebruiken om tot betere prestaties te komen of om vol te houden in moeilijke omstandigheden. Deze gewoonte is voor iedereen goed!

VOORBEELD

Met prettige muziek, een prachtige reclame-afbeelding en/of een ontspanningsmethode de volgende tekst, ter voorbereiding op een bepaalde sociale bijeenkomst, dagelijks blijven herhalen:

[Je naam], door de dingen die ik je nu ga vertellen zul je merken dat er een heleboel verbeteringen in je sociale vaardigheden zullen plaatsvinden als je naar [sociale bijeenkomst] gaat, en dat je veel beter gebruik kunt maken van al je talenten en capaciteiten.

Wanneer je ook maar naar [sociale bijeenkomst] toegaat, zul je merken dat je er precies de goede stemming voor hebt. Je zult echt in de optimaalste conditie voor deze [sociale bijeenkomst] zijn en alle benodigde zelfvertrouwen ervaren.

Ja, [je naam], je zult duidelijk meer zelfvertrouwen ervaren *voor, tijdens en na* [sociale bijeenkomst]. Vooral omdat je je met veel meer energie en enthousiasme kunt blijven concentreren op *liefdevolle vriendelijkheid, inspiratie en zelfcompassie.*

Je zult je sociale vaardigheden ook veel effectiever kunnen gebruiken. Daardoor zul je met meer overtuigingskracht, spontaner en meer ontspannen aanwezig kunnen zijn. En je zult merken dat je moeiteloos kunt doen wat je geleerd en positief voorbereid hebt.

Telkens wanneer je naar [sociale bijeenkomst] toe bent geweest, zul je merken dat je gevoelens hebt van trots en voldaanheid, omdat je zo effectief en gemakkelijk aanwezig hebt kunnen zijn.

Die gevoelens zijn een beloning voor de tijd die je aan het voorbereiden besteed hebt. En dat maakt dat je op dezelfde manier naar [sociale bijeenkomst] gaat uitzien als een goed getrainde atleet naar een lekkere training.

Het zal je een diep gevoel van tevredenheid geven dat je je capaciteiten zo goed kunt gebruiken, en de resultaten zullen je ontzettend veel plezier geven, [je naam]!

Ga niet wachten tot wat er gezegd wordt 'uitkomt' of zeg niet bij een tegenslag: 'Zie je wel, die positieve teksten helpen toch niet.' Je laat de tekst regelmatig voorbijkomen, herhaling is belangrijk! Op de langere termijn zullen de positieve effecten zichtbaar worden. Denk maar aan de reclameboodschappen die je dagelijks hoort. Oefen en ontspan je dagelijks en wees bereid het telkens opnieuw te proberen bij eventuele tegenslagen.

Zie voor meer informatie ook onze 'Denk je sterk' ontspannings- en meditatieoefeningen: www.sterk-swaen.nl

25

Lezersvraag: hoe laat ik het piekeren los?

Vraag

De laatste tijd trek ik me snel aan wat anderen allemaal zeggen. Daar kan ik me dan raar over voelen, veel over piekeren, behoefte hebben om te huilen maar eigenlijk weet ik niet wat ik ermee aan moet. Ik ben onzeker over mijzelf, alleen weet ik niet hoe ik daarmee om moet gaan. Hebt u advies voor mij?

Antwoord

Je beschrijft een gemoedstoestand die me bekend in de oren klinkt: je weet niet wat je voelt, maar het is niet fijn om je zo te voelen. Het is zo akelig dat je zoekt naar een oplossing, maar geen enkele oplossing lijkt te werken. Sterker, als je iets bedenkt kom je nog meer vast te zitten. Dat wordt ook wel de 'spiraal naar beneden' genoemd. Juist door het zoeken naar oplossingen in je denken, blijft er steeds minder ruimte over vanbinnen en uiteindelijk weet je het niet meer.

In feite is je brein, op de momenten dat je je niet goed voelt, uitgeput, overstuur en overprikkeld. Hoewel je met je brein veel praktische problemen kunt oplossen door het analyseren en het bedenken van acties, vraagt dit probleem juist een andere reactie. Het loslaten van het piekeren door bijvoorbeeld ontspanning of meditatie.

Verschuif je aandacht van het *denken* naar je *lichaam*. Dat is een grote stap, maar die kun je verkleinen door een eenvoudige ademhalingsoefening. Het helpt je lichaam en je brein te ontspannen. De focus op je ademhaling, waarbij je rustig en regelmatig ademt, is niet eenvoudig wanneer je je zo voelt. Je brein wil het piekerprobleem oplossen en dat trekt steeds de aandacht. Dat is niet erg, zolang je dat vriendelijk opmerkt en weer je aandacht naar je ademhaling brengt. In feite is dit een oefening in 'voor jezelf zorgen' wanneer je zo overstuur bent.

Je kunt de oefening combineren met geruststellende mantra's. Leg je rechterhand op je hartstreek en spreek geruststellende woorden uit bij iedere uitademing: '*het is goed, jij bent goed, ik hou van je*' of '*ontspan, vertrouw en waardeer*'.

In een mindfulnesstraining leer je je piekeren te stoppen en meer in het 'nu' te leven. Zie bijvoorbeeld de online training mindfulness van Psychologie Magazine: https://www.psychologiemagazine.nl/academy/mindfulness/.

@PsychologieMagazine

26
Zelfcompassie

Wat zou je het liefst willen horen op de momenten dat je het moeilijk hebt? Wat zou je voor jezelf kunnen doen om je emoties te erkennen? Hoe kun je jezelf geruststellen? Wat is de beste zelfzorg wanneer alles tegen lijkt te zitten? De bovenstaande vragen kunnen je helpen vriendelijker voor jezelf te worden.

Het zou prettig zijn als je bij alle uitdagingen van het leven meer in balans kon blijven. Kalmte, aanpassingsvermogen, perspectief en verbondenheid kun je bevorderen door milder te worden. *Compassie brengt het beste in ons naar boven.*

Zelfcompassie en jezelf leren vergeven voor je (vaak ingebeelde) tekortkomingen doen wonderen. Meer van jezelf durven houden betekent respect ontwikkelen voor alles wat je te bieden hebt. Je levensverhaal verandert alleen maar als je redelijker over jezelf gaat denken. Iedere dag opnieuw mag je een frisse start maken.

Beoefen *vergeving, dat is zelfcompassie in actie*. Compassie betekent zelfzorg. Vanzelfsprekend lichamelijk, maar vooral ook geestelijk, emotioneel, de hele dag door. Je brein verdient net zoveel onderhoud als je lichaam.

Pijnlijke of angstige emoties hebben aandacht nodig; als je ze met positieve affirmaties en warme compassie verzorgt, houden ze je in het veilige geruststellende heden. Ver weg van nare dromen en drama's. Door te erkennen en te begrijpen waar je het moeilijk mee hebt komt er ruimte voor vertrouwen. Train stapsgewijs met de volgende leefregels:

- Vervang innerlijke kritiek door acceptatie, compassie en begrip.
- Bevorder je groei door je te realiseren dat je liefde, aanmoediging en waardering nodig hebt, *geef het jezelf.*
- Herhaal dat je van nature volmaakt en compleet bent en dat alles in jouw wereld oké is, een prima basis voor ontwikkeling.
- Je keuze voor positiviteit brengt meer innerlijke rust en kan zo de meeste tegenslagen ten goede keren.

Jij bent goed en mooi. Dat zijn we als kwetsbare, feilbare mensen allemaal, ook al valt er op ons gedrag 'soms' wel wat aan te merken. Ja, onze worsteling met het leven is universeel en dat gegeven ontspant en helpt ons het leven te accepteren zoals het is. Als je hart vol compassie is, heb je ook vele malen meer aan anderen te bieden.

Zeg tegen jezelf bij een probleem: '[je naam], dit is zwaar en/of moeilijk voor je, we krijgen allemaal in dit leven onze eigen portie tegenslag'. Leg je hand op je hart, weet dat het weer goed zal komen en beloof dat je jezelf onder alle omstandigheden zult *blijven steunen en accepteren.*

Gedachten zijn maar gedachten en die kunnen altijd veranderd worden. Wat zouden de mogelijke voordelen zijn wanneer je meer ruimte voor vergeving in je leven zou maken? Stel dat je leerzame, goed aflopende verhalen zou bedenken? Er zijn zoveel manieren om constructiever met teleurstellingen om te gaan, gun jezelf de meest menselijke, troostrijke aanpak van zelfcompassie.

27
Leiden en volgen

De meest natuurlijke leiders in een mensenleven zijn je ouders of opvoeders. Met hun onvoorwaardelijke liefde en troost, met het geloof in je unieke persoonlijkheid, met hun goede voorbeeld en met waardevolle adviezen en richtlijnen voor het leven.

Ze leren je hoe je jezelf in deze wereld het beste kunt aansturen. De relatie met je ouders biedt je hopelijk een blijvende vorm van vertrouwen en liefde. Je gaat ervan uit dat ze het beste met je voor hebben.

Tot de puberteit… Dan ontstaat er automatisch een begrijpelijke afstand. Je individuele ruimte wordt belangrijker. Je eigen planning en behoeftes vragen voorrang. Je vindt jezelf geen kind meer en zo wil je ook niet meer behandeld worden.

Pubers kunnen zich al snel gaan generen voor hun 'ouderwetse' ouders, lopen het liefst een paar meter van hun ouders vandaan in het openbaar, omdat ze niet meer geassocieerd willen worden met mensen uit een andere generatie.

Het afstand nemen is een tijdelijke en natuurlijke ontwikkeling in een proces van individualisering en zelfstandigheid. Na deze turbulente periode wordt deze puberale verwijdering meestal vanzelf weer hersteld en transformeert de relatie geleidelijk aan naar een volwassen, gelijkwaardig contact.

Het klakkeloos volgen wordt vervangen door samenwerken. In feite is het een tijdelijke toets van het vertrouwen in de relatie: 'Mag ik zijn wie ik ben, ook al hebben we een meningsverschil?', 'Kun je me vertrouwen, ook al ben je bang voor de risico's?' en 'Kun je me vergeven, ook al gedraag ik me soms zeer onvolwassen?'

Ouderschap daagt je uit je authentieke, integere zelf te zijn. Het is een vorm van duurzaam leiderschap. Oneerlijkheid in de relatie schaadt het vertrouwen. En het verlies van dat vertrouwen is het pijnlijkste verlies in een relatie. Daarom is het vaak – wanneer het uitkomt – zo moeilijk te geloven dat er sprake was van bedrog of oneerlijkheid.

Een tekenend voorbeeld is de val van een Amerikaanse televisiester. In de jaren tachtig van de vorige eeuw was hij de gedroomde vader van veel Amerikanen. Hij oversteeg de zwart-witdimensie in de Amerikaanse beeldvorming en was zeer succesvol met zijn tv-show. Nota bene een show die de traditionele waarden van het Amerikaanse gezin propageerde.

Tien jaar duurde het, na de eerste aantijging van verkrachting door een van zijn medewerksters, voordat de Amerikanen het onder ogen durfden te zien. Er volgde nog een hele reeks andere beschuldigingen. Dit geschonden vertrouwen betekende een pijnlijk verlies van de schone schijn-buitenkant waarin iedereen zo lang had geloofd.

En zo zijn er helaas nog vele andere voorbeelden te noemen van leiders, politici, wetenschappers, rechters en staatshoofden die op grove wijze hun machtspositie hebben misbruikt.

Duurzaam geluk en vertrouwen vereisen een stevige basis van eerlijkheid, een leven lang. Hopelijk proberen zoveel mogelijk mensen integriteit en betrouwbaarheid te blijven nastreven en zo de wereld iets beter te maken; zodat onze kinderen later ook echte leiders kunnen worden.

28
Groeikracht

Er zijn maar weinig mensen die volledig ongeschonden door het leven komen, vroeg of laat krijgen we allemaal wel eens te maken met tegenslag. Mislukkingen, pijn, verlies en verdriet horen bij onze menselijke ervaringen.

Probeer pijnlijke gevoelens niet te ontkennen of weg te drukken, dat werkt averechts. Je kunt ze beter duidelijk *benoemen* en *plaatsen*. Bijvoorbeeld: ik *voel* nu veel boosheid en verdriet (*benoemen*) omdat ik iets zwaars [vul in] heb meegemaakt (*plaatsen*).

Maar wat er ook gebeurt, het hoeft ons niet blijvend te beschadigen. Integendeel, onze pijn kan ons extra groeikracht geven. Wellicht is het ooit toch nog ergens goed voor, past het in een groter plan. Het hele genezingsproces na tegenslag kan ons ook sterker maken, ons verder brengen dan we voor mogelijk hadden gehouden.

Je bent meer dan wat je hebt meegemaakt. Wat je is overkomen of aangedaan verdient erkenning; probeer het los te maken van wie je nu mag zijn. Woede en verbittering blijven begrijpelijk als een vorm van controle, zelfbescherming of grensbewaking, maar vergeving en compassie genezen je pijn en bieden meer hoop en ruimte. Als er iets naars in je leven gebeurt, kun je simpelweg tegen jezelf zeggen: *'Wat er gebeurd is, zal weer voorbijgaan, maar ik zorg voor je, en dat gaat nooit voorbij.'*

Blijf het goede doen als alles tegen lijkt te zitten, zo beperk je de schade, en weet en verwacht je dat het tij weer zal keren. *Je kunt het aan, veerkracht zit in onze genen, de teleurstelling van vandaag kan de springplank naar morgen zijn.* Durf je te vertrouwen? Aan de andere kant van verdriet vind je levenswijsheid, troost en kracht.

Na een uitdaging gaat ons brein vaak beter functioneren. Vastgeroeste overtuigingen mogen plaatsmaken voor een bredere, diepere levensvisie. Het is een bijzonder bevrijdend proces om nieuwe inspirerende kernopvattingen te mogen formuleren.

Moeilijkheden kunnen groei stimuleren. Als we geluk hebben gaan anderen ons helpen. Op internet of in je omgeving zijn lotgenoten of deskundigen te vinden. Deze gemotiveerde 'helpers' leren ons veilig door de diepste dalen te gaan en ons vertrouwen te herstellen. Deel met anderen wat je hebt meegemaakt en wat het met je heeft gedaan.

Van tegenslag hoef je geen slachtoffer te worden. Kun je je voorstellen dat obstakels je ook verstandiger en dankbaarder kunnen maken? Stel dat je meer in staat zou zijn je beperkingen en kwetsbaarheden te accepteren? Leer te vertrouwen op het goede; de werkzaamheid van het lichaam, de groeikracht van je psyche, je realiteitstoetsing en je zelfcompassie.

Het is een hele geruststelling om te weten dat het leven altijd weer nieuwe kansen zal bieden. Hoe ouder we worden en naarmate we meer hebben meegemaakt, des te milder gaan we naar onszelf en onze medemensen kijken. Hoe zou je je eigen ervaringen ook voor anderen kunnen gebruiken?

Tijdens het herstelproces na een tegenslag kun je op ontdekkingsreis gaan naar de volgende persoonlijke bronnen van kracht en/of zingeving:

- je specifieke talenten, vaardigheden en interesses;
- je hoop, betekenis en levensbestemming voor de toekomst;
- alles wat je belangrijk vindt;
- je sterke en goede kanten;
- de personen, boeken, (internet)adviezen en technieken die jou het beste helpen.

29

Energiebarrières

Ik ben heel nieuwsgierig naar de kern van het leven, altijd geweest. Dat betekent dat ik in een flow kom wanneer ik nieuwe kennis ontdek en onderzoek.

Als kind heeft me dat weleens in de problemen gebracht. Ik was bijvoorbeeld gebiologeerd door de wekker. Hoe werkte zo'n klok vanbinnen, mechanisch? Openmaken lukte me goed, maar het weer in elkaar zetten was een vaardigheid die ik nog niet bezat. En de kolenkachel? De formicaruitjes braken het licht in vele kleuren. Uiteraard wilde ik ook ontdekken wat voor interessants er in de asla te vinden zou zijn; alles zat onder, mijn moeder kon dat helaas niet zo waarderen.

Later werd ik nieuwsgieriger naar mensen. Naar de binnenkant. Hoe werkt dát? Inmiddels heb ik wel een beeld van die geheimzinnige binnenkant, maar ik blijf zoeken naar mogelijke verklaringen van gedrag. Negatief en positief. Omdat leren nooit af is, en omdat het zo prettig voelt: leren in flow.

Een nieuw inzicht drong zich op toen ik een programma zag over het onderzoek in de quantummechanica. Het onderzoek naar het gedrag van elementaire deeltjes, moleculen. Het is sowieso al bijzonder dat alle materie vooral energie is. De buitenkant lijkt vastomlijnd, maar vanbinnen is er ruimte en energie. Iedere molecuul heeft een trillingsfrequentie. Bepaalde deeltjes zijn zo diffuus dat energiebarrières moeiteloos worden genomen. Een mooi woord: energiebarrière.

Ook wij moeten energiebarrières nemen om aantrekkelijke doelen te kunnen bereiken. De marathon uitlopen begint met het opbouwen van je conditie. Stapsgewijs je spieren, je uithoudingsvermogen trainen.

Het lijkt heel eenvoudig, trainen. Maar iedereen weet dat het energie kost om je conditie op te bouwen. Daarom is het ook zo te waarderen wanneer iemand daaraan duurzaam bouwt. Dat maakt het ook zo belonend als je uiteindelijk de marathon aankunt. Omdat het een resultaat is van langdurig investeren in het nemen van energiebarrières.

Vaak zien we alleen de uitkomsten van een investering, de buitenkant-resultaten. We vergeten dan dat er iedere dag hard voor getraind en aan gewerkt is, veel moeite is gedaan om mooie resultaten te kunnen behalen.

Jij kunt het ook, het slechten van je energiebarrières. Als je – vanuit een droom die je kwaliteiten aanspreekt – een droomdoel weet te formuleren:

- wanneer je frustraties en tegenslagen niet langer meer persoonlijk maakt, maar ziet als training;
- indien je gaat begrijpen dat je eerst moet opbouwen voordat je kunt profiteren;
- op voorwaarde dat je mag blijven leren;
- maar vooral als je onderweg mag genieten van wie je aan het worden bent en van wat je toevoegt.

Eenmaal in beweging en in je flow, zul je merken dat de energiebarrières verbleken. Omdat je de puzzel hebt opgelost en steeds krachtiger wordt in het bewegen richting je droomdoel. Lichtvoetig en doelgericht. Je droom brengt je kwaliteit in beweging. Je mag doorgroeien.

30

Hoe krijg ik basiszelfvertrouwen?

Is zelfvertrouwen aangeboren, of zijn er trucs om een mens met lef te worden?

Interview door Rianne Oosterom voor Trouw

Een jonge lezeres uit Utrecht schrijft dat ze al veertien jaar dagelijks angsten moet overwinnen om de 'vrouw met lef' te zijn die ze is. 'Ik weet wel dat de angsten die ik heb niet reëel zijn, maar ze worden nooit minder,' schrijft ze. Ze blijft bang om te falen en niet aardig of getalenteerd genoeg gevonden te worden en daar is ze langzamerhand wel klaar mee.

Het lukt haar niet 'een soort basiszelfvertrouwen' op te bouwen, zoals ze dat noemt. Dat ziet ze wel bij anderen, die van zichzelf gewoon geloven dat ze alles aankunnen. Ze vraagt zich af hoe zij zo'n basishouding van zelfvertrouwen kan krijgen. Hebben sommige mensen dat nu eenmaal in hun karakter zitten en anderen niet?

> 'Als je warm en liefdevol bent opgevoed, ontwikkel je een basis voor een positief zelfbeeld' – *Fred Sterk, psycholoog*

Zelfvertrouwen is geen eigenschap die je wel of niet hebt, zegt psycholoog Fred Sterk, auteur van onder andere het boek *Denk je sterk*. Een baby wordt niet geboren met een flinke portie zelfvertrouwen. 'Wel bepaalt de gevoeligheid van je centraal zenuwstelsel of je van nature geneigd bent veel of weinig angst te ervaren,' weet hij.

Hij ziet zelfvertrouwen eerder als iets wat je kunt leren. Dat heeft hij vaak genoeg in zijn praktijk in Den Haag gezien. Al speelt opvoeding een rol. 'Als je warm en liefdevol bent opgevoed, ontwikkel je een basis voor een positief zelfbeeld. Die basis zorgt ervoor dat je in je leven risico's durft te nemen, waardoor je zelfvertrouwen opbouwt,' zegt Sterk.

Positief evalueren

Maar de lezeres neemt al veertien jaar risico's. Ze pusht zichzelf om allerlei dingen te doen die ze eigenlijk niet durft en dat kost haar veel energie, schrijft ze. Ze dacht dat ze daardoor zelfvertrouwen kon vergaren, maar het tegenovergestelde is waar. Wat gaat er mis bij haar?

Misschien schrijft ze haar overwinningen niet aan haar eigen vermogen toe, suggereert Sterk. Dat komt hij vaker tegen. In de psychologie heet dat 'positief evalueren'.

'Bij de lezeres lijkt angst er niet te mogen zijn. Ik zeg eerder: leer je angsten hanteren in plaats van ze te overwinnen. Vaak zien mensen met een laag zelfbeeld angst als bewijs dat ze het niet goed doen. Terwijl je angst niets zegt over wie jij bent.'

> 'Leer je angsten hanteren in plaats van ze te overwinnen' – *Fred Sterk, psycholoog*

Volgens Sterk moet de lezeres zich niet vergelijken met de 'blinkende buitenkant' van anderen. We leven niet in een wereld met gelukkigen en ongelukkigen, geslaagden en ongeslaagden, piekeraars en piekerlozen, angstigen en angstlozen, ziet hij. 'Dat is te zwart-wit. Mensen zien mij als iemand met veel zelfvertrouwen, maar bij mij ontploffen ook weleens bommetjes van angst.'

Door angst te accepteren en niet naar anderen te kijken heb je nog geen 'basiszelfvertrouwen'. Sterk heeft nog wat praktische tips op zak, hij is niet voor niets auteur van zelfhulpboeken. De eerste: vraag je af wat je de afgelopen jaren gewoon hebt geflikt. Aan wie had je dat te danken? Juist, aan jezelf. Registreer dat. Een tweede tip: weet dat je leert. 'Als je iemand voor het eerst met een tennisracket achter een net zet, zal hij veel fouten maken. Als je dat twee keer per week doet, gaat het beter,' zegt Sterk.

Ten slotte is het volgens Sterk belangrijk te zeggen wat je nodig hebt, wat je grenzen zijn, wat je niet kan of wil. 'Dat ruimt de angst en spanning op.'

De zoektocht naar een 'basiszelfvertrouwen' is volgens de psycholoog ook gewoon een manier om wijsheid te vergaren. 'Veel mensen worstelen. Met angsten leren omgaan kost veel energie, maar het werpt zijn vruchten af, ook al duurt dat langer dan veertien jaar.'

31
Creativiteit

Creatieve mensen zien iedere dag orginele mogelijkheden om het leven, ook voor anderen, waardevoller te maken. In het klein, in het groot, het maakt niet; *elke vorm van creativiteit zal ons blijven inspireren.*

Een ontspannen gebruik van je verbeeldingskracht is als een ontdekkingsreis naar nieuwe, betere manieren om het mooiste uit jezelf naar boven te halen.

Ook voor ongewenste gevoelens zijn er vele creatieve oplossingen. Als je bijvoorbeeld tijden van eenzaamheid weet om te zetten in rustpauzes voor meditatie en reflectie beschik je zomaar vanuit het niets over een onuitputtelijke hoeveelheid positieve energie. Pijn omzetten in groeikracht. Zo moeilijk is het niet, *verander het label en je verandert je ervaringen.*

Soms zie je in een film of op televisie een absoluut droomhuis, prachtige architectuur met een inrichting die al je verwachtingen overtreft. Hoe denk je dat dit huis ooit ontstaan is, waar het ontwerp begonnen is? Op een dag moet er iemand zijn geweest, een architect of opdrachtgever, die begon te fantaseren en creatief te dromen over dit huis. Zoals met alle indrukwekkende dingen is het idee ontstaan in iemands hoofd. Alles wat wij zien in de buitenwereld is ooit eerst in iemands binnenwereld ontworpen.

Vrijuit durven dromen is volgens ons ook het basisbeginsel voor alle vormen van creativiteit. De werkelijkheid begint altijd in je eigen hart. Je bezit de vrijheid en kracht om je innerlijke werkelijkheid net zo vruchtbaar te maken als je zelf maar wilt; fantasie kent geen grenzen of beperkingen.

Als mens hebben we het creatieve vermogen om mooie woorden, gedachten, intenties en gedrag voort te brengen en bij te dragen aan meer harmonie, liefde en mededogen. We kunnen nieuwe ideeën verspreiden zonder, zoals al zoveel gebeurt, angst en woede te voeden. Als individu zijn wij zelf verantwoordelijk voor het creatief ontwikkelen van onze innerlijke belevingen.

Het begrip creativiteit kan je onzeker maken als je je talenten verwart met prestatiedrang. Iedereen is creatief op vele manieren, los van de vraag wat anderen ervan vinden.

Laat je leiden door het pure plezier van ontspannen spelen met de dingen die je van nature graag doet. Breng naar buiten wat er in je stroomt en geniet ervan; daarmee maak je automatisch het leven, ook voor anderen, lichter en mooier.

Uit onderzoek van Tamlin Conner (Universiteit van Otago in Nieuw-Zeeland) blijkt dat vandaag creatieve dingen doen je welzijn, positieve emoties, energie en enthousiasme voor meerdere dagen zal verbeteren.

Maak en herhaal – om je creativiteit te stimuleren – zoveel mogelijk de volgende positieve reclameboodschappen voor jezelf, en meet het effect op je creatieve zelfvertrouwen:

Voor [je naam]:

- Je bent op weg naar een schitterende toekomst, geniet van de reis, mooi mens.
- Je wordt sterker, scherper en effectiever. Je leert steeds meer bij. Veel succes!

- Ontspan, maak het gezellig en breng je humor mee. Je mag vindingrijk samenwerken.

Ja, [je naam]:
- Je kunt, met veel voldoening, je creativiteit vrij en volledig laten stromen.
- Als je nieuwe manieren vindt om je talenten in te zetten, zul je nog lang kunnen genieten van je zelfgecreëerde positiviteit.
- Jouw potentieel en talenten zijn vele malen groter dan je zelf kunt zien, blijf vol vertrouwen, en laat je verrassen door jouw prachtige producties.

32
Innerlijke nieuwsgierigheid

Zolang we niet in contact staan met ons eigen innerlijk, leven we in een soort mist die maar niet op lijkt te trekken. Ons onvermogen en onze onenigheid komen meestal voort uit onwetendheid.

Veel mensen weten niet wat ze missen. Maar wie nieuwsgierig blijft naar zijn innerlijke kwaliteiten en waardigheid zal met bewondering ontdekken dat we allemaal gebruik mogen maken van een helder, transparant, zuiver, stralend, alles overstijgend bewust-zijn.

Onderzoek en erken je unieke waarde en daardoor zullen ook de betekenis van en verbondenheid met andere mensen zichtbaarder worden. Compassie, rust en inzicht zijn van wezenlijk belang in ons dagelijkse leven. *Iedereen zoekt gemoedsrust en laat dat nu net vanbinnen ruimschoots aanwezig zijn.*

Raadpleeg het diepste deel in jezelf en je krijgt de juiste antwoorden, puur, kalm en sterk. Denk je dat als je levenswijsheid verwacht, je het ook overal zou kunnen vinden? Waarschijnlijk wel.

Zodra je in contact komt met je innerlijke wijsheid, zul je al snel opmerken dat vergeving en mededogen hand in hand gaan. *Je eigen kwetsbaarheid ervaren betekent automatisch dat je ook het meest menselijke in anderen zult zien.*

Het inzicht dat je nooit alleen kunt zijn maakt dat je angsten significant afnemen omdat je weet dat je alle tegenslagen kunt doorstaan. Innerlijke liefde biedt bescherming, zorgzaamheid, genezing, verbinding en compassie.

Ondanks alle narigheid die we dagelijks in de media lezen is er ook veel goedheid. Is het je weleens opgevallen hoe snel mensen elkaar helpen als er iets met en ander gebeurt? Het zit gelukkig in onze natuur om voor elkaar te zorgen; dat is een van onze grootste overlevingsmechanismen. En ook al kun je tegenover elk argument of elke mening net zoveel andere meningen plaatsen, het heeft weinig zin volledig op te gaan in discussies die nooit lijken te eindigen. *Wellicht zou je het nieuws ook met wat extra media-mindfulness kunnen benaderen*?

Soms is het beter om al het gekrakeel van de mensheid even los te laten en in jezelf of de natuur een rustpunt te zoeken. Nieuwsgierig analyseren wat het leven nog meer te bieden heeft. Waarschijnlijk zul je als troostende waarheid vaststellen dat je de onrustige buitenwereld pas echt kunt veranderen, *nadat* je vanbinnen iets meer bevrijdende ruimte hebt gevonden. Het centrale, genezende controlepunt zit in ieders hart.

Begrens het onvermogen en vergeef de pijn, dan mag je door naar de volgende ronde. #ruis #kompas

33
Afgewogen oordelen

In ons hoofd cirkelen dagelijks verschillende verhalen. We voeden ze, geloven er heilig in, en blijven ze aanvullen met dramatische details. In de meeste gevallen gaat het om angstfantasieën of verongelijkte verhalen. Als we onszelf erin verliezen kunnen ze ronduit schadelijk worden. En helaas belemmeren veel van onze verhalen onze eigen vooruitgang.

Toch blijft het mogelijk je brein weer iets meer in balans te krijgen. Je kunt de grondtoon van je brein weer op zijn *oorspronkelijke goed-stand* zetten. Met behulp van meditatie kun je een centraal rustpunt in jezelf vinden dat de ruimte biedt om je verhalenmachine bij te sturen.

Vanuit innerlijke rust of concentratie ontstaat er meer evenwicht, helderheid, zuiverheid, kalmte en een positieve gerichtheid.

Op de verpakking van bloemzaadjes zie je meestal prachtige afbeeldingen van de mooiste bloemen. In het zakje zelf zitten kleine kleurloze, nietszeggende zaadjes. De veelbelovende afbeeldingen moet je voor ogen houden wanneer je met veel geduld aan het werk gaat om de zaadjes tot volle bloei te laten komen. *Bij alles wat je in je leven wilt bereiken zul je ook je ideale werkelijkheid moeten blijven zien.* Durf je te geloven in wat nu nog niet tastbaar is?

Wat zou er gebeuren als je al je negatieve meningen los kon laten, jezelf mocht bevrijden van aangeleerde, belemmerende standpunten? Je zou meer openstaan voor het mysterie van jouw leven. Alsof je door een schoon raam mag kijken naar een heldere, frisse lucht. Er ontstaat een berusting die boven al je zorgen uitstijgt.

Ook al zijn mensen soms geneigd neerbuigend te doen over optimisme – alsof het diepgang zou missen –, laat je er niet van weerhouden op zoek te gaan naar de lichtere, hoopgevende kanten van jouw leven. Optimisme is zeldzamer, moeilijker en mooier dan pessimisme. Klagen is het bevestigen van het negatieve, laat het los en bekrachtig je vertrouwen. #WatGaatGoed

Functioneren vanuit je *basis-goed-stand* brengt je het dichtst bij je hogere zelf, zodat je zonder zelfkritiek of storende verhalen geïnspireerd, vanuit je intuïtie en creativiteit, in beweging blijft. Om de stroom zelfverzonnen verhalen in je hoofd afgewogen te beoordelen en enigszins in te dammen kun je jezelf de volgende vier vragen stellen:

– Is het echt waar wat ik nu denk?
– Helpt het me verder?
– Is dit goed voor mijn gezondheid en geluk?
– Bevordert het mijn compassie?

De waarheid is vriendelijker dan je eigen spookverhalen. Want waar je ook naartoe gaat, wat je ook doet of wat er ook gebeurt, hoe ver je ook afdwaalt, de weg naar je veilige basis-goedheid blijft altijd open. Je bent puur magisch leven, stroom mee met je waardering en liefde.

34

Pauzetweets

Niet verdwijnen in het gepieker, maar voelen wat er is te voelen. #angst #herkennen

In de zoektocht naar wie je bent, verras je jezelf met de waardevolste antwoorden. #succes

Het zit niet ergens verborgen, onvindbaar en onzichtbaar. Het is in je gezicht, in je handen en voeten, in je adem en je lach. Ieder moment van de dag. *Je liefde*.

Het spijt me en ik vergeef mezelf. #loslaten #mantra

Vechten voor erkenning in de wereld? De wereld de pijn verwijten? Het trekt geen volle zalen. Kom in beweging en maak je eigen wereld. Je kunt het wel (leren).

Een vriendelijke houding naar jezelf kun je leren, door precies iets anders te doen dan de automatische afwijzing. Koppel bijvoorbeeld ontspanning en vergeving aan een (waargenomen) fout. *Het is goed, je bent onderweg*.

De kern van meditatie is vriendelijk opmerken en je aandacht bijsturen, steeds weer terug naar je intentie. Het gaat niet om het opmerken van fouten, maar om het vriendelijk blijven in bewuste aandacht.

Jaloezie is een signaal van klein denken en tegelijkertijd uitstekend oefenmateriaal voor het navigeren naar waardering. #uniek #individu

Van automatisch naar bewust kiezen, navigeer naar het #nu

Stel je voor dat het je gaat lukken? Stel je *dat* voor! #visualisatie

Het tegenovergestelde van schuld? Dat is je vrijheid.

Gister is niet meer, morgen is een visualisatie. *Nu* kun je echt iets betekenen. #content #flow

Op weg naar de liefde kom je altijd weer jezelf tegen met de vraag: ben je de liefde die je zoekt? Ja, ik ben die liefde en het is nu al goed.

De weg maak ik, stap voor stap, en het eindpunt is de complete acceptatie van het goede. #innerlijkerust

Je warme aandacht is de spotlight waarin alles tot z'n recht komt.

35

Lezersvraag: ik ervaar geen zingeving

Vraag

Ik ben een veertigjarige, hoogopgeleide en gezonde vrouw. Mijn leven ziet er, op de liefde na, goed uit. Ik heb een goede baan als leidinggevende, een rijk sociaal netwerk en geen grote problemen. Ik ben tevreden over mijn uiterlijk en qua karakter ben ik ondernemend, sociaal en scherpzinnig.

Maar ik kamp mijn leven lang al met een depressieve grondtoon in mijn gevoel. Hoewel ik mijn best doe om mijn leven fijn te maken en positief probeer te denken, blijf ik een chronisch gevoel van emotionele pijn voelen.

In mijn laatste relatie ben ik geraakt door kleinerende opmerkingen. Iets wat het lage zelfbeeld uit mijn jeugd weer heeft aangewakkerd. Ik leefde met de gedachte: wat je uitstraalt is wat op je pad komt. Het lukt me niet meer om hierin te geloven.

Wat kan ik nog doen om me gelukkig te voelen? Op papier heb ik bijna alles maar qua gevoel ervaar ik geen zingeving meer.

Antwoord

Wat is de zin van het leven als je zo hard hebt gewerkt en je er niet van kunt genieten, vraag je je af. Wat kun je doen?

Erken de rouw

Rouw is universeel en diepgaand, het is de keerzijde van de liefde en hechting. Het afscheid nemen gaat gepaard met diep verdriet en dat kost veel energie en tijd. Het verandert je uitstraling omdat je natuurlijk niet meer vrolijk en optimistisch bent. Hoe positief je ook bent, het verdriet is (uiteindelijk) niet te vermijden. En dat zou ook niet goed zijn.

Je lage zelfbeeld is weer getriggerd, mede omdat je gekleineerd bent maar ook omdat je minder positiviteit kunt uitstralen naar je omgeving. Daarmee lijkt de 'oude pijn' gelijk te krijgen.

Het lijkt misschien zo dat de meeste mensen niet op je verdriet zitten te wachten. Maar het gaat ook niet om hen, het gaat om jou. De belangrijkste les van een laag zelfbeeld is dat je wel voor jezelf mag zorgen. De belangrijkste valkuil is dat je dat vergeet.

Hoe zorg je in de rouw voor jezelf? Erken de rouw. Accepteer de verdrietige uitstraling. Geef wat je kunt geven, maar erken de grens wanneer dat niet meer lukt. Deel je verdriet, verwoord de pijn. Het liefst bij iemand die er ruimte voor heeft en je geschiedenis begrijpt. Huil over het verdriet, laat het stromen.

Beoefen vergeving

Vergeving is niet hetzelfde als goedkeuren, maar het erkennen en weer loslaten van het verdriet. Vergeef jezelf je verdrietige uitstraling. Vergeef je ex zijn verlating en kleinering. En als je toch bezig bent, vergeef het onvermogen van je ouders je welzijn te beschermen.

Vergevingsoefening: Maak een wandeling in de natuur. Verzamel een aantal steentjes en pak een steentje in je hand.

Visualiseer de persoon die of het gedrag dat je wilt leren vergeven. Spreek uit: 'ik vergeef je en laat je los' terwijl je het steentje loslaat.

Beoefen dankbaarheid

- Benoem dagelijks aan het eind van de dag die dingen waar je dankbaar voor kunt zijn in je leven. Daarmee haal je je krachtige kanten dichterbij.
- Gebruik de realiteitstoetsing: je kunt niet altijd optimistisch zijn maar wel realistisch.

Blijf de pijnlijke valkuilgedachten tegenspreken met logische argumenten en alternatieve formuleringen. Zoals: je bent veel meer dan je uitstraling op dit moment. Je uitstraling heeft geen voodookracht. Dat waar je in investeert komt op je pad.

Als het verdriet mag stromen, als je mag vergeven en loslaten en als je voor jezelf mag blijven zorgen, dan zal je geduld beloond worden en zal er een nieuw, hoopvol perspectief ontstaan.

@PsychologieMagazine

36

Leer van je leven

De meesten van ons krijgen in onze jeugd, naast goedbedoelde adviezen, ook veel negatieve overtuigingen opgedrongen. Als je al heel jong gehersenspoeld werd met zelfondermijnende boodschappen, dan wordt het extra moeilijk om deze belemmerende overtuigingen los te laten. Ze kunnen diepe wonden nalaten die op allerlei gebieden angst of pijn blijven oproepen.

Je oude pijn verdient erkenning, maar ze kan je nooit minder maken. Ook al heb je wonden, je bent veel meer dan het verdriet dat je met je meedraagt. *Je bent niet je pijn; je draagt je pijn met je mee.* Ze maakt je niet minder, maar mooier, menselijker. Ieder mens wordt – in meer of mindere mate – getekend door 'gouden' breuklijnen, door zijn of haar persoonlijke kwetsbaarheid.

Diep vanbinnen verborgen onder vele lagen pijn en destructieve overtuigingen bevindt zich puur goud, je *zuivere goedheid. Het opnieuw thuiskomen in je kracht en het herontdekken van je innerlijke schoonheid is de grootste uitdaging van dit leven.*

Je hoeft niet bang of beschadigd te blijven maar je kunt je complete vrijheid, waardigheid en moed bewust gaan activeren. Richt je op je zegeningen, niet op je zorgen. Sommige dingen zijn moeilijk te veranderen, maar nieuwe stappen zetten blijft altijd mogelijk.

Kun je ook iets leren van je pijn? Bijvoorbeeld dat je jouw unieke levensverhaal kunt gebruiken om te groeien, dingen te veranderen, en dat je de moed kunt verzamelen om jezelf te mogen zijn, inclusief je kwetsbaarheden.

Ver-antwoordelijkheid mag ook betekenen: de volledige *vrijheid* benutten om je eigen *antwoorden* en oplossingen te kiezen.

Is het mogelijk niet langer het verleden te voeden, en je energie te richten op de toekomst; je pijn te erkennen en door te gaan? Het *zal* goedkomen. Stop energie in je levensbestemming.

Ook al was de sfeer in je jeugd verre van rooskleurig, het is bemoedigend te weten dat zelfs de moeilijkheden uit je verleden nog altijd constructief omgevormd en ingezet kunnen worden. Als je je mentale veerkracht weet te versterken kun je alles aan. *Laat je niet langer ontvoeren door je eigen negatieve gedachten. Ze zijn eenzijdig en niet waar.*

Alleen al het feit dat je al je pijn hebt weten te doorstaan maakt je extra weerbaar. Het verleden overleven kan je helpen:

- te groeien,
- relaties te verbeteren,
- levenslessen te leren,
- je perspectief te veranderen en
- je geloof in een betere toekomst te vergroten.

Wat er ook gebeurt, waar je ook naartoe gaat, vergeet nooit je authentieke basis-goedheid!

37
Lezersvraag: te klein

Vraag

Ik heb nogal last van een slecht zelfbeeld omdat ik klein ben. Het is een obsessie geworden en daarmee bedoel ik dat ik zoveel met lengte bezig ben, dat het m'n leven beheerst. Ik vergelijk en zie iedereen in en met lengtes. Iedereen die groter is (bijna iedereen) kijkt op mij neer (letterlijk en figuurlijk). Ik zie mezelf als een slap en miezerig iemand. Overal zie ik mensen die groter zijn. Tv, internet en in het echt. Wat zou ik hieraan kunnen doen?

Antwoord

Ik begrijp dat je onzekerheid te groot is geworden, het is een obsessie die je waarneming en denken negatief maakt. Natuurlijk speelt lengte een rol in hoe we tegen mensen aankijken. Lange mensen zien we, in eerste instantie, als krachtiger. Maar de belangrijke vraag is of dat eerste 'oordeel' klopt voor je hele persoonlijkheid. Het probleem is niet je lengte, het probleem is je negatieve zelfbeeld.

Er zijn veel succesvolle 'kleine' mensen. Mensen die ondanks, of misschien wel dankzij hun lengte een enorme ontwikkeling hebben doorgemaakt in relaties en werk. Je lengte kun je niet (veel) beïnvloeden. Je zelfbeeld wel.

Focus op het negatieve? Je kijkt steeds naar voorbeelden die je negatieve zelfbeeld bevestigen. Dat is oneerlijk vergelijken. Dat is een vorm van controle die je in de negatieve denkspiraal brengt. Je kunt ook kijken naar het aantal 'kleine mensen'. Hoeveel kleine mensen zie je eigenlijk in het openbaar vervoer? Volgens een normale verdeling zit de helft van de mensen beneden de gemiddelde lengte. Registreer dat vaker.

Zijn al die kleinere mensen onzeker over hun lengte? Zijn ze slap en miezerig? Of kun je ook positieve eigenschappen of kenmerken ontdekken?

Zijn lange mensen altijd gelukkig en krachtig omdat ze lang zijn? Ik ben vrij lang, maar ik kan je vertellen dat ook ik veel geworsteld heb met onzekerheid. Het gaat uiteindelijk niet om je uiterlijke kenmerken maar om hoe je met jezelf omgaat, vanbinnen.

Zet jezelf op de eerste plaats. Jij bent belangrijk en je verdient een positieve, accepterende houding naar jezelf. Stop met vergelijken en weiger voortaan jezelf te vereenzelvigen met negatieve etiketten. Wees vriendelijk in je zelfbeschrijvingen en zoek naar bevestiging van je positieve zelfbeeld. Lees mijn boek *Denk je sterk* (www.sterk-swaen.nl) of ga in therapie als je niet uit de negatieve spiraal weet te komen.

Veel sterkte!

@PsychologieMagazine

38

Een nieuw perspectief

We leven, door internet en YouTube, in een tijdperk waarin er volop goede kennis en informatie beschikbaar is. Als je advies nodig hebt kun je het online vinden, over alle mogelijke onderwerpen. We zijn in staat meningen vanuit allerlei verschillende invalshoeken te bestuderen. Op iedere vraag is er tegenwoordig wel een redelijk antwoord te vinden.

Met behulp van al deze nieuwe beschikbare informatie zouden we ook alle ramp- en angstverhalen in ons eigen brein kunnen veranderen. Word je van binnenuit belaagd door negatieve voorspellingen? Trap er niet langer in!

Laat je niet meer bedriegen door je ontmoedigende fantasiebeelden, *kies een andere informatiebron, een nieuw perspectief, een mentaal veiliger toevluchtsoord* waar je duidelijk je goede, geluksbevorderende kanten leert te zien. Ook al ben je nog zo vaak bang, een groter deel van jezelf straalt licht en moed uit.

Wat is er nodig om al het goede in jou wakker te schudden? Maak mooie overwinningsbeelden. Zoek boodschappen van vrede, verstilling, vreugde en verbondenheid.

Op internet vind je meer dan genoeg hoopgevende informatie, bijvoorbeeld van Louise Hay, Eckhart Tolle, Byron Katie en Joel Osteen. Wat zou er gebeuren als je verhalen zou opzoeken die je onvoorwaardelijk bemoedigen en je sterker maken?

Vervang angstbeelden door vertrouwen, activeer en investeer in je kracht, benoem wat je *wel* wilt en maak mooie reclameboodschappen voor je diepste wensen en kwaliteiten. Waarom zou angst alle ruimte in je hoofd moeten innemen?

Wat vind je van de volgende anti-angstovertuigingen?

Het is nu veilig: ik kan erop vertrouwen dat elke onzekerheid gevolgd wordt door goede gebeurtenissen. Onzekerheid is de poort naar mogelijkheden.

Loslaten is gezond: voor alles wat er verdwijnt, komt er iets beters terug. Verlies is normaal en kan leiden tot groei.

Er is moed in overvloed: mijn wereld maak ik zelf, wat er ook gebeurt in de buitenwereld; ik kan het aan. Vanuit een bewuste goedheid kan alleen maar krachtige liefde voortkomen.

Verbondenheid is dicht bij mij: ook al ben ik alleen, in mijn diepste wezen ben ik liefdevol verbonden met iedereen. We zijn allen één.

Je hogere zelf kent alleen maar kalmte, vrede en geruststelling. Zolang je zelf geen rampverhalen aan je emoties toevoegt, blijven ze hanteerbaar.

Het paradijs bestaat daadwerkelijk: in het rustigste deel van je innerlijk, in het gebied waar je – ongestoord door zelfverzonnen verhalen – kunt genieten van het leven. Waar je alle gebeurtenissen onbevooroordeeld kunt ervaren zoals ze zijn. Als je van de piekerboom blijft eten, dan verdwijnt het paradijs. Nu is er harmonie.

Hoe meer mensen gevangenzitten in hun geconditioneerde negatieve denkpatronen, hoe groter hun ellende. Maar met behulp van *positief denken, dagelijks mediteren en blijven geloven in het goede,* bereik je het meest constructieve, zuivere deel van jezelf.

39
Moedig leven

We proberen allemaal krampachtig te vermijden waar we bang voor zijn. Het is een automatisch mechanisme in ons brein: wegdrukken wat ons niet bevalt. Vermijding kost extra energie. Er is een betere manier. Wat zou je ervan zeggen als je heel *rustig, voorzichtig en vriendelijk de dingen gaat benaderen die je angstig maken*? Daar is moed voor nodig.

Sommige mensen worden panisch bij het idee dat we kwetsbaar en sterfelijk zijn. Ze blijven zich overdreven focussen op gezondheid en jong blijven. Waarom niet gewoon vrede sluiten met de gedachte dat ons verblijf op deze planeet niet voor de eeuwigheid is? In sommige culturen wordt oudere mensen geleerd na te denken over de eindigheid van hun leven. Dat heeft als voordeel dat de angst voor ouder worden, ziekte en de dood afneemt en plaatsmaakt voor een kalme acceptatie van iedere levensfase.

Moedig meditatief reflecteren over de zin van je leven verplaatst je van de schreeuwerige voorgrond naar de rustgevende, stillere achtergrond. Zo kan de noodzaak tot wegrennen voor je angsten verdwijnen en krijg je er meer levenswijsheid en berusting voor terug.

Onze kwetsbaarheid delen we met iedereen. Als onze vergankelijkheid er toch bij hoort, dan kun je er maar beter iets moois van maken. Het helpt je los te komen van vertrouwde, maar vastgeroeste denkpatronen. Afgedwongen afscheid kan ook leiden tot een groter zelfbewustzijn.

Iedere levensfase kent haar eigen schoonheid. Je jeugd, ouderdom, aanzien, schaamte, verlies, winst, plezier en pijn zijn allemaal voorbijgaande ervaringen, en geen eigenschappen van je wijzere, hogere zelf. *Waarom zou je wegvluchten voor het mooiste en grootste deel van jezelf?*

Zodra je je angsten voor de veranderingen in je leven hebt overwonnen, kun je – gewapend met meer kennis – kiezen voor een positieve benadering van het ouder worden. Dit betekent volledig betrokken blijven bij alle ontwikkelingsstappen in iedere fase van je leven.

Als je jong bent moet je leren beter met anderen om te gaan, wanneer je ouder wordt mag je leren de verdieping en innerlijke ruimte van het alleen-zijn te aanvaarden. Het durven toelaten van eenzaamheid maakt je sterker en autonomer, alsof je de wereld bekijkt vanuit een genezende, veilige thuishaven.

Wie wil je worden? Blijf helder denken vanuit mogelijkheden, al je oordelen zijn verzonnen producten van je eigen brein.

Ben je in staat je beelden te veranderen en daarmee je leven te verbeteren? Hoe oud je ook bent, je hebt altijd iets te geven. Vooral de kracht om ook anderen te laten stralen.

40

Doorzettingsvermogen

Ben je in staat taken af te maken waar je aan begint? Beleef je er plezier aan om dingen op tijd af te krijgen? Haal je voldoening uit het werken aan en het uitvoeren van (deel)-taken? Een bevestigend antwoord op deze vragen betekent dat je waarschijnlijk in het rijke bezit bent van een goed doorzettingsvermogen.

Bij alles wat je begint zul je vele redenen vinden om ook weer op te geven. Ga op het moment dat je genoeg hebt van een bepaalde opdracht nog eens zorgvuldig na waarom je ooit begon aan deze uitdaging.

Uithoudingsvermogen train je door alles wat je doet te zien als een waardevolle leerervaring. Je zult moeten leren omgaan met frustraties. Stel steeds je verwachtingen bij; hoe hoger je doel, des te meer onaangename obstakels. Tegenslag, onvrede en stress horen erbij, maar zodra je dat weet kun je ook gaan ervaren hoe bijzonder het is dat jij voldoende draagkracht of uithoudingsvermogen opbouwt.

Blijf iedere dag je winst en vooruitgang opmerken, dat geeft nieuwe energie.

Volhouden wordt een stuk eenvoudiger als je je onbewuste breinprogramma ervan weet te overtuigen dat je met gemak jouw gewenste einddoel kunt halen. Dat betekent dat je voor jezelf een zeer overtuigende overwinningsboodschap formuleert en hiermee je brein moet gaan herprogrammeren. De meeste mensen gebruiken maar een klein deel van hun mogelijkheden, de rest wacht op een kans om alsnog in actie te mogen komen.

Blijf herhalen dat je het wel kunt, wel goed bent et cetera. Zet deze positieve boodschap in je smartphone, neem hem op en blijf de bemoedigende tekst teruglezen en terugluisteren, hoe vaker hoe beter. En geleidelijk aan zul je gaan merken dat deze stimulerende boodschap je van binnenuit gaat helpen en dat je brein het nieuwe programma *wil* gaan uitvoeren, moeiteloos.

Kies voor ontspanning en geloof in jezelf zodat je je volledige potentieel kunt gaan benutten en weet wat je allemaal zou kunnen bereiken. Je angsten, conditioneringen, schijnlogica, ego en gebrek aan vertrouwen hebben lang genoeg in de weg gezeten, laat ze simpelweg los. Doorzetten betekent het contact met je innerlijke rijke kracht herstellen.

Als je daarnaast ook via meditatie positiviteit in jezelf weet op te bouwen krijgen zelfondermijnende opgeefgedachten geen kans meer.

Doorzettingsvermogen dat voortkomt uit een kalme, rustige gelijkmoedigheid versterkt je vertrouwen in een gunstige afloop van je inspanningen.

Wie overtuigd is van zijn kwaliteiten hoeft zich niet meer zo druk te maken. Relax, blijf positief, en je zult zien dat er goede dingen gaan gebeuren!

41
Lezersvraag: onzekerheid

Vraag

Ik ben van jongs af aan heel onzeker over mijn lichaam. Vooral over mijn kleine borsten. Mijn partner zegt dat hij het genoeg vindt, maar ik zie ook dat hij erg graag naar grote borsten mag kijken. Daar wil ik me niet rot over voelen, maar ik denk dan: 'Had ik ze maar zo groot.' Ik wil het niet steeds mijn partner voor de voeten gooien dat ik er niet goed genoeg voor hem uitzie. Hoe kan ik met mijn onzekerheid leren omgaan?

Antwoord

Je onzekerheid hoeft niets te maken te hebben met de grootte van je borsten. Onzekerheid zoekt meestal een gevoelig onderwerp om te bewijzen dat je niet voldoet. Ze maakt je wijs dat kleine borsten onaantrekkelijk zijn en dat je partner om die reden naar andere borsten kijkt. En je misschien zelfs zal verlaten vanwege je te kleine borsten. In die zin is onzekerheid zeer negatief en eigenzinnig.

Dat je partner ook naar andere vrouwen kijkt is heel gewoon. Maar zegt dat iets over jouw aantrekkelijkheid voor hem? Je onzekerheid zegt van wel. Een vruchtbare bodem voor onterechte jaloezie. Hoe kun je onzekerheid leren hanteren?

Eerst zal ik je vertellen wat je vooral *niet* meer moet doen. De don'ts omdat die je onzekerheid in stand houden en mogelijk zullen verergeren.

Don'ts

Zekerheid zoeken of afdwingen

Geruststelling vragen aan je partner lijkt onschuldig, maar dat is het met deze hardnekkige onzekerheid niet. Je partner voelt heel goed aan wanneer er veel van zijn antwoord afhangt. Daardoor wordt zijn antwoord steeds minder spontaan. En dat is koren op de molen van je onzekerheid. Echt contact maken met je partner is waardevoller.

Negatief inzoomen op je borsten

Je bent aan het micromanagen door iedere keer weer in te zoomen op je borstgrootte. Die overconcentratie op één aspect van je lichaam lijkt controle te geven over je onzekerheid, maar je bereikt het tegenovergestelde. Je waarneming wordt beïnvloed door je onzekerheid waardoor je steeds weer in een negatieve denk-doe-spiraal komt. Als je werkt aan het verbeteren van je algemene zelfvertrouwen zul je zien dat je mening over je borsten ook kan veranderen.

Negatief invullen van je partners opvattingen

Jij denkt dat je partner grotere borsten mooier vindt en dat hij daarmee jou minder aantrekkelijk zal vinden. Accepteer dat het jouw gedachten zijn die niet hoeven te kloppen. Geef je partner de ruimte voor zichzelf te denken en te praten. Bovendien heeft hij al gezegd dat hij tevreden is.

Kortom, zekerheid zoeken, micromanagen en negatieve voorspellingen helpen zeker niet. Wat dan wel?

Do's

Accepteer je kwetsbaarheid

We hebben allemaal kwetsbaarheden in onze waarneming, opvattingen en gedrag. Het erkennen en begrijpen ervan helpt om er niet meer voor op de vlucht te gaan op zoek naar zekerheid. Onzekerheid is pijnlijk en heeft een oorsprong in je levensverhaal. Die emoties mogen verwoorden in een dagboek of gesprek met een vertrouweling helpt bij het leren accepteren van jezelf.

Ontwikkel vriendelijkheid naar jezelf

Onzekerheid wordt gevoed door een harde, eisende houding naar jezelf. Leer naar jezelf te kijken met vriendelijke, accepterende en vergevende ogen. Zoals jij naar iemand kijkt van wie je veel houdt. Dan kijk je naar iemands kracht en positieve eigenschappen en breng je begrip op voor de kwetsbaarheden.

Verschuif je focus naar je kwaliteiten

Leer breder te kijken naar jezelf en met meer zelfcompassie te waarderen wat je ziet. Borsten zijn een onderdeel van je uiterlijk, maar je gehele persoonlijkheid en lichaam houden je partner bij je. Wat is er mooi aan je? Wat waardeer je het meest? Waar ben je goed in? Hoe kun je dat verder ontwikkelen? Welke activiteiten doen je de tijd en je zelfbeeld vergeten? Welke dromen heb je? Hoe ga je die waarmaken, samen met je partner?

Herschrijf je zelfbeeld

Beschrijf je lichaam enkel met positieve of neutrale woorden van top tot teen. Weersta de behoefte negatieve etiketten te gebruiken. Hoe je jezelf en je positieve/kwetsbare punten benoemt, bepaalt je gevoel over jezelf.

Laat je negatieve spiegelbeeld los

In beweging ben je veel mooier dan in het negatieve plaatje voor de spiegel. Realiseer je dat je spiegelbeeld maar een momentopname is. Verblijf er niet te lang en als je er bent, blijf dan vriendelijk.

@PsychologieMagazine

42
Geluk maakt sterk

Geluk en voldoening zijn belangrijk, iedereen verlangt ernaar. Positieve gevoelens vragen een *dagelijkse* investering. Tussen al onze drukke bezigheden kan het werken aan ons welzijn op de achtergrond raken. Vaak verwarren we geluk ook met het hebben van veel geld en/of status.

We zijn geneigd te kiezen voor dingen die wellicht wel zekerheid bieden, maar die ons vanbinnen niet echt gelukkig maken. Maar geluk verdient onze aandacht, het geeft ons meer energie, houdt ons gericht op het welzijn van anderen en het helpt ons emotioneel beter in balans te blijven.

Bij alles wat je doet kun je jezelf afvragen of het echt zal bijdragen aan je geluk. Je kunt je ontwikkeling hoog op de agenda zetten, rekening houden met je gevoel, maar dan vooral zonder jezelf te verliezen in het najagen van allerlei lege, vluchtige doelen. Je gedachten, gedrag en instelling bieden je de kans om voor geluk te kiezen.

- Durf je te geloven dat je toekomst beter zal worden en je verder zal brengen dan je verleden?
- Mag je blijven vertrouwen op je vermogen om alles in je leven zo gunstig mogelijk te beïnvloeden?
- Ben je bereid om als een optimistische schatgraver naar positief denkgoud te blijven zoeken?

Waarschijnlijk heb je al geleerd dat er vele manieren zijn om je doelen te bereiken, je kunt altijd je route aanpassen. En ook al kom je – net als iedereen – ontmoedigende obstakels tegen; we hebben allemaal ruim voldoende sterke kanten om eventuele problemen aan te kunnen.

Als je in staat bent vol overgave aan en voor je idealen te werken ervaar je meer voldoening. Je enthousiasme werkt aanstekelijk en maakt je tot een overtuigend, aanmoedigend voorbeeld. Iedere investering in je doelen blijft zinvol en helpt je om je talenten te optimaliseren en verder te komen. *Niet in competitie met anderen*, maar om te groeien, jezelf uit te dagen, te ontwikkelen en telkens net iets beter te worden dan je was.

Op weg naar je doelen is het onvermijdelijk dat je frustraties en stress tegenkomt. Bij groei hoort weerstand. Toch kun je leren beter met tegenslag om te gaan. *Stress hoeft niet slecht te zijn en kan zelfs waardevolle lessen of inzichten aan je leven toevoegen.*

Elk probleem dat je overwint maakt je vindingrijker. Teleurstellingen kunnen je stimuleren en je groei bevorderen, omdat ze je dwingen nieuwe gezonde strategieën te ontdekken. Net zoals lichamelijke inspanning, naast spierpijn, extra energie kan geven, zal ook mentale inspanning je weerbaarheid en welbevinden helpen te vergroten.

Alles wat je denkt, doet ertoe.

43
Eerlijkheid en authenticiteit

Het leven blijft overzichtelijk als je gewoon eerlijk kunt zijn. Dat betekent echt zijn wie je bent, zonder pretenties of zonder jezelf onnodig groter of kleiner te maken. Maar vooral ook zonder gevoelens te veinzen of te ontkennen. Oneerlijkheid kost te veel energie, de waarheid zuivert je gevoelsleven.

Jezelf zijn kan eenvoudig klinken, maar niet iedereen heeft van huis uit meegekregen dat hij/zij gewoon zichzelf mag zijn. Voor zelfvertrouwen heb je twee soorten ouderliefde nodig: *biologische ouderliefde*: 'Ik hou van je omdat je *mijn* kind bent,' en *emotionele ouderliefde*: 'Ik hou van je om wie *jij* bent.'

Veel mensen krijgen wel biologische ouderliefde, maar missen de emotionele erkenning voor wie ze zijn. Hierdoor kan het gevoel ontstaan dat ze zich altijd moeten aanpassen om gewaardeerd te worden. Wat ze ook doen, ze krijgen niet waar ze naar verlangen en raken zo steeds verder verwijderd van hun eigen kracht.

Voor het versterken van je authenticiteit is het van groot belang direct te stoppen met het willen voldoen aan onredelijke/niet-passende verwachtingen. Wacht niet langer op goedkeuring, maar kies voor de schoonheid van zelfrespect.

Leer te doen wat jouw leven betekenis en zin geeft. Uit je gevoelens en selecteer de mensen die *jou* wel weten te waarderen. Je familie kies je niet zelf, maar gelukkig mag je wel je eigen partner, gezin, vrienden en levensbestemming kiezen. Gun je jezelf de tijd, het geduld en de wijsheid om alle uitdagingen in het leven liefdevol aan te gaan?

Ook al werd je in het verleden niet voldoende gezien, niets hoeft je ervan te weerhouden om vanaf *nu* jezelf en je kwaliteiten te laten zien. De waarheid van jouw leven delen is de enige sleutel tot echt contact met anderen.

Vaak durven mensen zichzelf pas te laten zien als ze wat ouder zijn en ontdekken dat ze juist meer gewaardeerd worden om hun vermeende 'zwakke' kanten. *De basis van menselijkheid is dat we allemaal sterk, maar ook kwetsbaar mogen zijn. Authenticiteit is de kortste weg naar levensgeluk.*

Kun je een actieve zoektocht starten naar je persoonlijke kwaliteiten? Train jezelf in het vangen en *opmerken van prettige gevoelens, geluksmomenten, ingevingen en oplossingen.* In het dagelijkse leven en tijdens je meditatie.

Wat je zoekt zul je vinden; denk maar eens aan een bepaalde kleur, voordat je het in de gaten hebt zie je deze kleur overal om je heen. Je kunt jezelf trainen in het opsporen van geluk en plezier. Als je je brein de opdracht geeft er meer voor open te staan, ga je zien dat ze overal aanwezig zijn.

Goede momenten moet je koesteren en verzorgen. Ook al schreeuwen problemen om aandacht, laat ze nooit ten koste gaan van alles wat er goed gaat. Het positieve negeren leidt tot een eenzijdige emotionele verwaarlozing. Schenk voldoende aandacht aan je beste kanten, dat is alles!

Blijft jouw toekomst helder en licht? Echt in je kracht staan betekent vooral dat de mooiste – de meest vruchtbare en waardevolle – jaren nog voor je liggen, ongeacht je achtergrond of leeftijd.

44

Groeien: van controle naar vertrouwen

Pubers worden wakker uit hun vrije speelmodus en groeien naar volwassenheid, dat weten we. Hun ontwakende bewustzijn ontdekt seksualiteit en relaties en zoekt naar een eigen identiteit en positie.

In een periode van snelle persoonlijke en relationele ontwikkeling heeft een puber houvast aan voorspelbare eendimensionale opvattingen.

De dimensie 'uiterlijk' is bijvoorbeeld van groot belang. Aan de hand van uiterlijke kenmerken probeert een puber zijn/haar identiteit vast te stellen. De merkgevoeligheid is groot. Pubers leven meestal in vriendengroepen, waarin ze hun eigen identiteit toetsen aan die van de ander.

Het afwijzen van niet in het plaatje passende anderen is een onderdeel van het markeren van hun eigen persoonlijkheid. Uiteraard willen ze zelf te allen tijden voorkomen dat ze 'voor schut komen te staan' omdat ze dan het risico lopen buiten de groep te vallen. In deze fase is de onzekerheid over wie ze zijn, logischerwijs, heel groot.

Om dit gevoel van onzekerheid te compenseren hebben ze een grote behoefte aan voorspelbaarheid en controle.

Op weg naar volwassenheid groeit onze visie op het leven. *Ons bewustzijn blijft op zoek naar eerlijke liefde en vertrouwen, maar moet eerst, met vallen en opstaan, allerlei puberale denkfouten en illusies zien te overwinnen.*

Voordat we volledig in evenwicht kunnen leven, moeten we leren onze aangeleerde vooroordelen of negatieve boodschappen over onszelf en anderen los te laten.

Zolang je bereid blijft te leren, brengen successen, tegenslagen, kracht en kwetsbaarheid, je bewustzijn naar een hoger plan. Op een stabieler, rustiger niveau wordt de beperktheid van negatieve waarnemingen en oordelen steeds duidelijker.

Geleidelijk aan ontwaakt onze compassie voor het leven zelf. De belangstelling voor verdiepende universele waarden neemt toe. We ontdekken dat aandacht voor innerlijke ontwikkeling, het indammen van onze automatische reacties en – tegen alle onrust in – blijven vertrouwen, steeds meer houvast gaan bieden.

Een ontwikkeling van achterdocht naar vertrouwen gaat niet vanzelf, vele onvermijdelijke tegenslagen dwingen ons in de richting van bezinning. Maar juist door meer te gaan vertrouwen zal ons geluk toenemen, omdat we vanuit de vechtmodus opschuiven naar een accepterende levenshouding waarin loslaten en innerlijke rust meer ruimte krijgen.

Groei vraagt geduld. Vertrouwen brengt tolerantie voor groeipijnen; het helpt ons om met een natuurlijk optimisme telkens opnieuw te durven geloven in menselijke kracht.

45

Energiek enthousiasme

Enthousiasme kan je helpen bij het overwinnen van angsten. Zodra je iets waar je tegenop ziet kunt gaan beschouwen als een uitdagend avontuur zul je eerder bereid zijn er meer moeite voor te doen. Je energie zal toenemen en als je geluk hebt zul je in je enthousiasme zelfs even vergeten waar je bang voor was.

Iedere dag zorgvuldig zoeken naar (kleine) taken die je blij maken is een simpele en effectieve manier om je enthousiasme te stimuleren. Van nature voelen we ons aangetrokken tot energiegevende bezigheden. Kun je proberen, zonder vooroordelen, te kijken naar wat je het liefste doet en wat daar goed aan zou kunnen zijn?

Als je tevreden mag zijn met de dingen die je hebt en doet, schep je automatisch ruimte voor persoonlijke groei. *Inventariseer zorgvuldig wat je tot nu toe bereikt hebt en je zult merken dat je over een extra portie doorzettingsvermogen gaat beschikken.*

Enthousiasme voedt je betrokkenheid, alsof je duidelijker gaat zien hoe belangrijk jouw bijdrage kan zijn; los van het niveau, de impact of omvang van je dagelijkse inspanningen. Je inzet is belangrijker dan je (maatschappelijke) positie. *We hebben mensen nodig die elkaar verder helpen, inspireren, ontroeren en warmte geven.*

Stress en teleurstellingen kunnen ons ontmoedigen. Je hebt, helaas, ook nog genoeg mensen die kiezen voor een cynische, donkere levenshouding omdat ze denken dat ze daardoor 'diepzinniger' en intelligenter overkomen. Alsof het leven niet ingewikkeld genoeg zou zijn.

Mensen snakken naar motivatie, vitaliteit en hoop voor de toekomst. Je kunt pijn verlichten of verzwaren; waarom zou je niet op zoek mogen gaan naar troostende, hoopvolle, constructieve oplossingen? *Blijf ergens in geloven.*

Je hoeft niet de discussie aan te gaan met enthousiasmedempers, vanuit hun visie hebben ze gewoon gelijk. Geef ze een vriendelijk compliment, erken hun gezichtspunt, en blijf vol zelfvertrouwen je eigen koers varen.

Focus je op productie en progressie, in kleine stapjes bezig blijven en doorgaan. Het heeft weinig zin om je op perfectie of goedkeuring van iedereen te richten, dat werkt verlammend.

Enthousiasme stuwt je vooruit. Bij ongewenste negatieve emoties kun je het 'neutraliseer-effect' toepassen door je heel bewust op positieve, constructieve informatie te richten. Hierdoor zal de energie uit de ongewenste emotie verzwakken en komt er ruimte voor andere gevoelens.

En als je in je enthousiasme iets te hard van stapel bent gelopen? Probeer dan jezelf te vergeven en een bemoedigende leerhouding aan te nemen. Dit betekent *je aandacht verplaatsen van 'wat ging er verkeerd?' naar 'wat heb ik geleerd?'.*

46
Angst loslaten

Naast redelijk en positief denken kunnen affirmaties een langdurig gunstig effect hebben op diep ingesleten, angstopwekkende gedachten en zorgen. Als je dezelfde piekergedachten die je sinds je jeugd hebt geleerd maar blijft denken, zal de angst een nog dieper spoor trekken in je lichaam en brein.

Het uitspreken, lezen of horen van affirmaties is een bijzonder krachtige methode om ingesleten gedachten te veranderen en angst om te zetten in een gevoel van veiligheid. De Amerikaanse zelfhulp-auteur Louise Hay heeft vele prachtige, helpende anti-angstaffirmaties gemaakt, zoals:

> [Je naam]
> ‘Haal eerst diep adem, en als je uitademt, laat je je angst los. Stel je voor dat je telkens als je nu uitademt, je oude angsten loslaat, de ene angst stukje bij beetje en de andere in één keer, met één lange, lange uitademing. Herhaal vervolgens de volgende affirmaties:
>
> Ik laat het los. Ik laat oude en nieuwe angsten los. Het is niet langer nodig om mezelf bang te maken. Ik vergeef iedereen die me ooit heeft gekwetst. Ik vergeef mezelf dat ik anderen heb gekwetst. Ik vergeef mezelf dat ik mezelf de schuld heb gegeven en gestraft. Ik vergeef mijn ouders hun angsten en beperkingen, en ik verklaar nu voor mezelf *dat ik veilig ben*. Ik slaap en waak en beweeg in volledige veiligheid.

Ja, [je naam...]
Ik creëer nu een realiteit voor mezelf van eenheid en veiligheid. Ik creëer een eiland van veiligheid om mij heen. Ik kan dit eiland voor mijn geestesoog zien. Het is veilig en sereen. Het is mooi en groen. Ik wandel vrij rond op dit eiland in perfecte vrede. Dit eiland wordt mijn wereld, en iedereen op dit eiland geniet dezelfde veiligheid. We zijn allemaal vredig. Iedereen in mijn wereld is vredig.

Ik ben veilig. Ik ben geborgen. Ik ben vredig. Elke hoek van mijn wereld is veilig. Overdag ben ik veilig. 's Nachts ben ik veilig. Ik wandel in vrede. Mijn innerlijke intelligentie leidt me altijd over vredige paden. Mijn bed is veilig. Ik laat de dag met liefde los en ik omhels de slaap. Ik ben veilig als ik slaap. Ik ben veilig tijdens de nacht. Mijn dromen zijn vreugdevol. Als ik ontwaak, voel ik me veilig en geborgen. Ik begin aan een nieuwe dag met verwachtingsvolle vreugde, want het is een dag die nog nooit is geleefd. Ik weet en bevestig dat ik op die nieuwe dag veilig ben.

Ik ben altijd veilig in mijn huis en iedereen die mijn huis binnenkomt, komt in veiligheid en vrede. Mijn eten is veilig en gezond en voedzaam. Elke kamer in mijn woning is veilig en vredig. Mijn huis is een vredig toevluchtsoord. Thuis ben ik ontspannen. Ik straal liefde uit waar ik ook ga. Ik omring mezelf met liefhebbende mensen. Er gaat alleen liefde van mij uit, en er komt alleen liefde terug naar mij. Ik vergeef anderen en ga verder. Ik word vergeven en ik ben vrij.

Alle vormen van transport die ik gebruik zijn veilig. Ik ben veilig in auto's en bussen, in treinen en vliegtuigen, zelfs op fietsen en skateboards, welk vervoer ik ook kies, ik ben veilig en geborgen. Ik ben in staat om me te ontspannen als ik reis. Ik ben een vredige reiziger.

Ja, [je naam...]
Ik weet dat ik veilig ben op mijn werk. Ik werk op een plek die harmonieus is. Ik hou van het werk dat ik doe. Ik ben veilig bij mijn collega's. Ik ben veilig bij mijn baas. Mijn baan is veilig en van mij, zolang ik dat wil. Ik ben ontspannen en vredig als ik aan het werk ben. Zelfs als ik voor een deadline werk, voel ik mij vredig, en hoe vrediger ik ben, hoe efficiënter ik ben.

Ik lever mijn beste werk als ik ontspannen ben. Ik creëer een ontspannen, vreugdevolle sfeer, waar ik ook ben. Mijn baas of opdrachtgever waardeert mijn manier van werken en keurt die goed. Ik ben altijd kalm en veilig.

Waar ik ook ga in deze wereld, ik neem mijn eiland van veiligheid met me mee. Dit veilige eiland beschermt ook mijn familie. Elk lid van mijn familie is veilig en beschermd. Ik laat alle zorgen los over mijn familie. Ik omring elk familielid met gedachten van veiligheid en vrede.

Het donker is mijn vriend. Het donker troost mij. Ik beweeg met gemak door het donker. Ik ben veilig in het donker. Er is niets in het donker waar ik bang voor hoef te zijn. *Ik ben altijd veilig en goed beschermd.* Van de kleinste tot de grootste, van de jongste tot de oudste, van huis naar school naar werk naar sport en weer naar huis, iedereen gaat met vrede en harmonie door het leven.

Ik laat mijn familie vrij om te zijn wie ze zijn, om hun leven op hun manier te leiden, in de wetenschap dat hun niets kwaads kan overkomen. Mijn familie laat mij ook zijn wie ik ben en laat mij ook mijn leven leiden op de manier zoals ik het beste acht. We zijn allemaal veilig en vrij. Ik ontspan in de wetenschap dat ik vrede heb.

Ja, [je naam...]
Ik voel mij veilig en geborgen in mijn spirituele overtuigingen. Ik voel mij één met mijn schepper. Ik weet dat mijn schepper alleen mijn vreugde en welzijn op het oog heeft. Ik vertrouw in de kracht die mij heeft geschapen om mij altijd en onder alle omstandigheden te beschermen. Ik ben geschapen om alles te zijn wat ik kan zijn; *ik ben veilig in liefde.*

Ontspannen iets bijleren beschermt me tegen stress. Al mijn lessen zijn makkelijk te leren. Ik laat met gemak los wat niet langer werkt. Het is veilig voor me om te leren. Ik benader nieuwe lessen met verwachtingsvolle vreugde. Het is makkelijk voor me om te leren. Ik ben bereid om te leren. Ik hou ervan om nieuwe dingen te leren. Het leven geeft mij makkelijke lessen.'

Wanneer je deze affirmaties combineert met een ontspannings- of meditatieoefening zul je merken dat je je beter en rustiger gaat voelen. Je kunt de affirmaties ook op andere momenten van de dag beluisteren: als je even pauzeert of koffiedrinkt, in de badkamer of keuken of bij het sporten of schoonmaken.

Oefen en ontspan je dagelijks en wees bereid het telkens opnieuw te proberen bij eventuele tegenslagen.

Bron en verder lezen:

Hay, L.L., Schulz, M.L., & Bruijn, M.D. *Heel je geest: Verbind lichaam en geest door affirmaties, intuïtie en medicatie.* Houten: Spectrum.

Hay, L.L., & Baumgarten, P. *Het sprekende hart: Een schatkist vol wijsheid.* Utrecht: AnkhHermes.

47
Oude gewoontes

Eén van mijn favoriete patatzaken uit mijn kindertijd noemden we 'vieze Piet'. Waarom? Iedereen kreeg een bijnaam. Bovendien stond de eigenaar bekend als een smoezelige man die zijn handen niet waste. Het frituurvet werd niet snel verschoond, en dat kon je ruiken. Maar we genoten desondanks van de knisperende, vette, doorgebakken patat en kroketten.

Jarenlang hebben de 'vieze Pieten' in iedere stad een onweerstaanbare aantrekkingskracht op me uitgeoefend. Naar de stad gaan was ook een patatje eten. Het liefst doorgebakken in oud vet. Het was een vorm van thuiskomen.

- 'Ik blijf drinken wanneer ik gestrest ben, en dan ben ik de volgende morgen een vaatdoek op mijn werk.'
- 'Als ik veel kritiek krijg van mijn partner, dan ontplof ik en zeg ik de meest verschrikkelijke dingen, zodat ze totaal verbijsterd en angstig wegloopt.'
- 'Ik blijf maar het nieuws volgen, terwijl ik steeds bozer en agressiever word.'
- 'Ik scheld veel als ik gespannen ben, mijn kinderen nemen het over.'
- 'Ik ga vreemd als ik me afgewezen voel.'

'Vieze Piet-gedrag' komt in allerlei soorten en maten voor. De kern ervan voelt goed, een snelle, verslavende beloning, maar de gevolgen zijn negatief. Oud gedrag herhaalt zich, het hoort bij 'klein of onbezonnen zijn' en een soort van 'thuiskomen'. Ook al zijn de gevolgen soms desastreus.

Ongezond gewoontegedrag past binnen een vroegere comfortzone. Het is goed om het beestje bij de naam te noemen en z'n oorsprong te leren kennen.

- Welk gedrag is jouw 'vieze Piet'?
- Wat levert het op en wat kost het?
- In welke gedragsmodus ben je wanneer je jezelf verliest in gewoontegedrag?
- Waar staat dit gedrag voor?
- Wat zegt je oude pijn? Wat is de kern van je emotie?
- Lucht het je op of voel je alleen maar schaamte?

Met uitsluitend een negatief oordeel over jezelf verandert gedrag niet. Je leert pas iets bij over jezelf als je het gedrag mag onderzoeken en begrijpen, zodat het perspectief en het gedrag kunnen gaan bewegen.

Na begrip volgt verandering. Met een ander inzicht kun je – zodra je daar aan toe bent – voluit zeggen dat je bereid bent afscheid te nemen van je oude gedrag.

48
Liefde

Liefde biedt veiligheid, verbondenheid en geeft nieuwe energie. Bij liefde staan wederkerige zorg en samen delen centraal. Als je ervoor openstaat zul je overal de warmte van liefde mogen ervaren. Volgens ons is het de grootste menselijke kracht. Een basis voor alles wat waardevol is. *Zodra je liefde kunt voelen weet je dat het weer goed komt.*

Tegenover liefde staat angst. Als je bang bent of gaat piekeren, kun je niet meer zien dat – ook diep vanbinnen – een overvloed aan liefde en kracht aanwezig is om je te helpen met alles wat er op je afkomt. Vanuit angst denk je in beperkingen en tekorten, vanuit liefde in rijkdom en groeimogelijkheden.

Probeer bij ieder probleem te zoeken naar het antwoord op de vraag: 'Wat is er wel?' Bij het beantwoorden van deze vraag kan alleen maar duidelijk worden dat er, ondanks vele tekorten, meer dan voldoende kansen en hulpbronnen aanwezig zijn. Zelfs dingen die er op het eerste gezicht ongunstig uitzien kun je met een '*wat is er wel*'-blik positiever herinterpreteren. Het tekort van vandaag kan je winst voor morgen worden. Soms moet er iets verdwijnen om plaats te maken voor iets beters.

Train je brein in het opmerken van liefde. Alle uitingsvormen van liefde tellen mee. Knuffel en koester iemand en je blik op het leven wordt milder. Goede voorbeelden helpen je te beschermen tegen onvermogen en onmacht.

Wat voor stress je ook in je leven tegenkomt, probeer er vrede mee te sluiten; maak het tot je vriend. Benoem het *niet* als een ongezond probleem, maar als een gezonde, groeibevorderende uitdaging. Iets waarvan je op het allerhoogste niveau kunt leren. Uiteraard kun je ook tussendoor met dagelijkse ontspannings- en meditatieoefeningen de druk verlichten.

Stress negatief benoemen is ongezond, er liefdevol en vriendelijk mee omgaan, bevordert juist je gezondheid en stimuleert je de goede antwoorden te vinden.

- Kun je voor meer aangename emoties en zelfvertrouwen zorgen door terug te denken aan bepaalde momenten in je leven waarop je veel liefde voelde? Waarschijnlijk zijn dat ook je beste of mooiste ervaringen.
- Welke sterke kanten hielpen je in deze situaties?
- Hoe hebben dit soort liefdevolle momenten je verder geholpen in je persoonlijke ontwikkeling?

Leer de dingen los te laten waar je geen controle over hebt, en richt vervolgens je aandacht op alle zaken waar je *wel* invloed op kunt uitoefenen. Bijvoorbeeld aardig en vriendelijk tegen anderen zijn en met kalme vastberadenheid, stap voor stap je unieke levenspad volgen.

Wat onze medemensen ook doen, we hebben zelf altijd de keuze het tij te keren met een kalmerend, constructief, positief antwoord.

Doe alles wat je doet met liefde.

49

Dansen in vrijheid

‘Kom, we gaan naar het clubhuis!’ riep Ronnie opgetogen. Vrijdagavond, vaste prik. Ik wilde wel, maar had net mijn hoofd compleet kaal laten scheren voor 25 gulden. Een stoere weddenschap. Want ik was stoer. Echter, zonder haar naar de disco, daar had ik niet op gerekend.

‘Hier, je mag mijn pet lenen,’ lachte Ronnie, omdat hij mijn blik begreep.

De discomuziek bonkte uit de speakers. De Jacksons, Tavares. De meiden op een rij, de jongens op een rij ertegenover. Op gelijke ritme dezelfde dans dansend. Jongens lachten of zochten ruzie, meisjes waren onaantastbaar mooi.

Ook al kende ik deze wereld goed en had ik er een plek veroverd, ik voelde me gevangen in de rol die me automatisch werd toebedeeld.

Voldoen aan de norm of vluchten naar de vrijheid? Ik voldeed uitstekend, voor de buitenwacht. Maar er knaagde een hunkering naar vrijheid en veiligheid. Ik wist niet waarom.

Momenten van vrijheid voelde ik in het ritme. Later in het ontvluchten van thuis, op de loop met Ronnie en andere vrienden.

Het dansen zat in m’n bloed. Muziek raakte me in m’n kern die spontaan meetrilde. Ik verdween erin. Meedansend en voelend.

In het alternatieve uitgaanscircuit beleefde ik later de echte vrijheid. De eerste keer in m'n eentje dansen. Alleen met de muziek. Op m'n eigen frequentie en ritme. Zonder oordeel dansen. Een bijzondere ervaring.

Uitgaan werd in vrijheid dansen. Hoe belangrijk ook, het was niet voldoende om in het donker in een club de vrijheid te voelen. Ik wilde meer, ook in het gewone leven vrij zijn. Ook in het daglicht durven dansen op mijn eigen ritme. Ik zag genoeg mensen die enkel in het donker vrij durfden te zijn.

Ja, ik kan je vertellen over de tegenwerking, de beschimpingen en zelfs fysieke aanvallen. Maar die vallen in het niet bij het geluk dat ik heb bereikt. De zoektocht naar een plek in het licht heeft me die vrijheid opgeleverd. Iedere dag dans ik mijn eigen dans. Soms verdrietig, emotioneel, maar veel vaker lichtvoetig en altijd vrij, in liefde.

Ik begrijp heel goed dat anderen me zijn voorgegaan in deze vrijheidsdans, dat ook ik, dankzij eerdere wegbereiders, deze ruimte heb gekregen. Vooral in de jaren zeventig stonden de drang naar vrijheid en het verlangen naar veranderingen centraal.

Gelukkig kon ik mijn kansen op tijd pakken, kon ik losbreken uit een verstikkende omgeving. Daar blijf ik dankbaar voor.

50
Vriendelijkheid

- Vind je vriendelijkheid, behulpzaamheid en geven aan anderen belangrijk?
- Ben je in staat de goedheid en kwetsbaarheid in je medemensen te zien, wie ze ook zijn of waar ze ook vandaan komen?
- Geeft het je een tevreden gevoel iemand te mogen helpen?

Een bevestigend antwoord op de bovenstaande vragen betekent dat liefdevolle vriendelijkheid een van je sterkste kanten is.

Vriendelijke mensen zien de behoefte aan erkenning, zorg en aandacht bij anderen. Omdat zij sneller de goede kanten van anderen opmerken en weten aan te spreken ontstaat er een productieve, positieve wisselwerking met hun omgeving. *Ze weten dat je met complimenten en waardering vele malen meer bereikt dan met afkeuring.*

Graag het goede doen, verantwoordelijkheid nemen, behulpzaamheid en zorgzaamheid zijn verbindende eigenschappen. Ze maken je tot een prettig, diplomatiek medemens. Deze eigenschappen kun je dagelijks verder ontwikkelen door bijvoorbeeld extra aardig en attent voor je omgeving te zijn. Een glimlach, complimentje en een goede daad betalen zich in duizendvoud terug. *Iemands dag opfleuren maakt ook jouw leven mooier.*

Zelfs in gedachten vriendelijker zijn – ook voor mensen die spanning opwekken – plaatst je in een bedachtzamere, wijzere positie. Vriendelijkheid *kalmeert* je vecht- en vluchtreacties.

Zoek je een manier om je piekergedachten over iemand los te laten? Wens hem of haar in gedachten alle goeds toe!

Vriendelijke, redelijke gedachten remmen stressreacties af en zorgen ervoor dat je niet langer op de automatische (stress)piloot reageert en zo voor iedere situatie de beste reactie kunt kiezen. Aardig zijn en (zelf)compassie zijn een uitstekend kalmeringsmiddel.

Ook je taalgebruik naar anderen kun je duidelijk milder en vriendelijker maken. *Conflicten beginnen meestal in je eigen gedachten*. Zodra je merkt dat je verdwijnt in een klaagzang van verwijten of oordelen kun je met een glimlach proberen je antwoorden en reacties op anderen te verzachten. Kies voor redelijke grenzen, meer begrip en minder veroordelingen.

Kun je steeds weer nieuwe manieren bedenken om je vriendelijkheid bewust in te zetten? Ook al zijn er vele sociale tegenslagen, probeer in het *heden* en bij de *feiten* te blijven, te investeren in constructieve relaties, en onverdraagzame gedachten de goede kant op te sturen.

Vriendelijke mensen beschikken over de mooie gave om de positieve emoties, hoop, (zelf)waardering en het optimisme in andere mensen te vergroten.

51
Aangeleerde oplossingen

Ze zit als een gespannen veer voor me, alert kijkend met haar heldere grijze ogen. Haar negatieve angstschema is actief bezig alle informatie te verwerken.

Zoals altijd voelt ze zich verantwoordelijk voor iedereen en zelfs de gedachte aan het loslaten van haar plichten maakt haar zeer angstig. Diezelfde angst bevestigt vervolgens de gedachte dat ze haar verantwoordelijkheid *moet* blijven vasthouden.

Binnenkort zou ze kunnen solliciteren op een andere baan, maar ze twijfelt: 'Ik kan geen risico nemen, mijn gezin is afhankelijk van mijn inkomen. Ook al is de inspiratie in mijn huidige baan allang vervlogen, hier heb ik tenminste houvast. En ik moet toch aan mijn kinderen en hun toekomst denken?'

'Klinkt heel logisch, maar blij word je er niet van,' probeer ik.

Met vragende ogen zegt ze: 'Maar het is toch mijn verantwoordelijkheid, mijn gezin?'

'Ah, daar hebben we het bekende woord,' antwoord ik glimlachend. 'Dat woord begrijpen we wel, toch?'

Ja, we begrijpen samen heel goed wat haar verantwoordelijkheidsgevoel betekent. Ze mag niet frivool zijn, zeker niet sinds ze werkt. Haar bevroren pijn huist in dat woord. Als er iets misgaat, is dat te wijten aan haar frivole, spelende en zorgeloze kant.

Verantwoordelijkheid is bij haar opgeschaald naar 'perfectionisme', 'je zorgen maken' en 'risico's uitbannen'. Oververantwoordelijkheid dus. En als die valkuil actief is, verdwijnt het vertrouwen en verschijnen de angst en de druk.

Haar bevroren pijn bestaat uit angst- en schuldgevoelens, die gecompenseerd moeten worden met oververantwoordelijk gedrag en constante waakzaamheid. Geen wonder dat ze al twee keer eerder is omgevallen door burn-outklachten.

We hebben het wel begrepen, maar daarmee is haar verantwoordelijkheidsvalkuil nog niet geneutraliseerd. Het herkennen van deze valkuil is de eerste stap, het begrijpen ervan de tweede. Maar het leren hanteren van haar verantwoordelijkheidsgevoelens in de praktijk blijft de grootste uitdaging.

In feite is het 'oververantwoordelijk zijn' een antwoord op stress met het toevoegen van nog meer druk. Een verkeerd aangeleerde oplossing. De nadruk op (werk)druk is voor haar vanzelfsprekend en in zekere zin een vertrouwd en daardoor comfortabel gevoel. De te grote druk vertelt haar dat ze 'volwassen en verantwoordelijk' bezig is.

Ik vraag haar: 'Terug naar je eigen controle, wat is daar nu voor nodig? Wat is een evenwichtige, volwassen houding? Betekent volwassenheid uitsluitend meer plichten en uitputting? Of zie je ook kansen voor inspiratie en vertrouwen? Hoe zou je je houding ten opzichte van deze komende sollicitatie meer in balans kunnen krijgen?'

De toestemming los te mogen laten heeft effect. Het klopt. De richting is duidelijk. Een gezondere oplossing komt binnen handbereik. Een oplossing die ze nooit eerder geleerd heeft. In haar geval betekent dat nu: *meer zelfzorg, meer ontspanning en meer vertrouwen.* Juist als je een gezin hebt, zijn werkzame, evenwichtige oplossingen van belang, want die geef je immers ook door aan je kinderen.

52
Sociale intelligentie

Begrijp je echt wat er omgaat in anderen? Mensen zijn niet *daar*, ver buiten je; ze zijn *hier*, verbonden met jou, diep vanbinnen. Ook al voelt het soms of je helemaal alleen bent en niemand begrijpt hoe erg je lijdt.

Laat je niet misleiden door de buitenkant van anderen. Mensen delen in het openbaar graag hun beste kanten en hoogtepunten, maar *niet* hun problemen. Denken dat anderen het beter hebben gaat ten koste van je mentale kracht en het zoeken naar oplossingen. *We hebben allemaal onze unieke vorm van pech of pijn*. Kun je je oordelen en weerstand loslaten?

Je maakt een grote denkfout als je je eigen ongeluk uitvergroot en tegelijkertijd net doet alsof je de enige bent die tegenslag kent. Verdriet, angst, pijn en boosheid horen bij het leven, iedereen heeft er last van. Blijf vertrouwen; we hebben elkaar nodig.

Waarom zou je iemand anders laten bepalen hoe je je voelt? Je hebt uitsluitend controle over je eigen (gevoels)leven. Geef je kracht niet uit handen. Jij gaat over *jouw* keuzes. Niemand is jou iets verplicht of *moet* met jouw gevoelens rekening houden. Jij mag goed voor jezelf en anderen zorgen, maar daar houdt het op. Wat anderen doen is hun verantwoordelijkheid.

Het leven hoeft geen politiek strijdtoneel te blijven, waar de verschillen – om opportunistische redenen – uitvergroot worden en het samenwerken in het geheim achter de bühne plaatsvindt. Waarom niet direct openlijk de overeenkomsten tussen elkaar positief benoemen en redelijke compromissen sluiten? Dat zou onze samenleving een stuk vriendelijker maken.

Hoe zou ons leven eruitzien als er meer aandacht kwam voor liefde, licht, vrede, genezing, vreugde, vergeving en dankbaarheid? Onze menselijke kwetsbaarheid vraagt maar om één antwoord: vriendelijk blijven! Anderen hebben het net zo moeilijk als jij, en ook al kun jij daar niets aan doen, probeer je ook – met mildheid en begrip – in hun gevoelens te verplaatsen. Bevestig en bemoedig ze.

Sociale intelligentie voegt kansen en kracht toe aan je leven. Het maakt duidelijk wat anderen beweegt, en geeft je het juiste aanpassingsvermogen voor ieder contact, plus een eerlijk inzicht in menselijke motieven en gevoelens. Bovendien is sociale intelligentie met liefdevolle vriendelijkheid te leren via de positieve psychologie, zelfhulpboeken, mindfulness- en assertiviteitstrainingen.

53
Overleven op moeilijke momenten

Soms spoelen pijn en tegenslagen als een golf over je heen. Niemand ontkomt daaraan. Wanneer je erg bang, boos of bedroefd bent, kun je impulsief en heftig reageren. Je kunt het zicht op je langetermijndoelen en toekomst, tijdelijk, kwijtraken en dingen doen die schadelijk of slecht voor je zijn. Daarom is het van groot belang dat je manieren zoekt waarop je je gevoelens en ongenoegen kunt uiten in een veilige omgeving. Alleen al het hardop uitspreken van wat je dwarszit verlicht vaak de pijn.

Zoek mensen bij wie je je hart mag luchten en met wie je je twijfels en problemen kunt bespreken. Desnoods bel je een telefonische hulpdienst waar je (anoniem) met iemand kunt praten die geleerd heeft te luisteren. Praten over wat je dwarszit, verlaagt de interne druk en schept ruimte voor inzichten en dingen die je kunt doen om door de moeilijke momenten heen te komen. Een paar troostende of geruststellende woorden van iemand die het beste met jou voorheeft, voorkomen dat je onnodig lang blijft denken dat er geen uitweg of hoop meer is.

Als je niet wilt praten, schrijf dan je zorgen van je af in een speciaal problemendagboek. Door op te schrijven wat je dwarszit, raak je een deel van je spanning kwijt en kun je er gemakkelijker afstand van nemen. Nadat de emotionele storm is gaan liggen, biedt het je de kans terug te lezen wat je dwarszat en het probleem vanuit een nieuw perspectief te benaderen.

Om te voorkomen dat je problemendagboek een eindeloze klaagzang wordt waar je verder niets mee kunt beginnen, geven we hieronder negen denk- en waarnemingscorrecties. Je kunt ze gebruiken om na te gaan of je belangrijke helpende informatie in probleemsituaties over het hoofd ziet.

Denk- en waarnemingscorrecties

Nuance- of kleurdenken: situaties en jezelf redelijk bekijken en beoordelen, vanuit verschillende gezichtspunten. Oordelen plaatsen op een brede schaal die loopt van negatief naar positief.

> Bijvoorbeeld: 'Dit is me vandaag nog niet gelukt, maar ten opzichte van de vorige keer ging het iets beter. Met een groeimindset blijf ik in mezelf geloven en kan ik mezelf blijven ontwikkelen.'

Gedrag beschrijven: objectief beschrijven wat jij of anderen doen of gedaan hebben, een onderscheid maken tussen gedrag en persoon.

> Bijvoorbeeld: 'Gisteren hebben we met tennis een punt verspeeld.'

Reddings- of afkoelingsdenken: conclusies trekken die binnen de grenzen van de realiteit blijven. Tegenslagen beschouwen als op zichzelf staande feiten.

> Bijvoorbeeld: 'Ik voel me vandaag niet lekker, het lijkt op spanningshoofdpijn. Als een deskundige vaststelt dat het ook iets anders kan zijn, is het vroeg genoeg om me daar druk over te maken.'

Mentaal oogsten: neutrale en positieve gebeurtenissen 'binnenhalen' als welkome vrienden en jezelf ermee complimenteren.

> Bijvoorbeeld: 'Emma zei dat ze mijn vlog leuk vond. Dat is mooi meegenomen. Goed gedaan.'

Denk- en meningsvrijheid nastreven: anderen de ruimte gunnen te denken wat ze willen. Weten dat je alleen hoeft te reageren (als je dat wilt) op wat iemand rechtstreeks tegen jou zegt.

> Bijvoorbeeld: 'Ik weet nog niet wat ze van mijn presentatie vinden, ik zie wel een paar mensen instemmend knikken.'

Onbevooroordeeld vooruitkijken: nagaan welke positieve uitkomsten of voorspellingen het meest voor de hand liggen. Rekening houden met de informatie en feiten die je al kent.

> Bijvoorbeeld: 'Ik heb nog geen duidelijkheid over de afloop van deze zaak. Voorzover ik het op dit moment kan overzien gaat het goed.'

Redeneren met hoofd én hart: bij twijfel over wat je moet doen, zowel redelijk blijven denken als je gevoel laten meespreken. Belangrijke beslissingen pas nemen als je (weer) rustig bent.

> Bijvoorbeeld: 'Ook al voel ik me nu heel kwaad, ik weet dat het geen zin heeft om mijn eigen glazen in te gooien.' Of: 'Ik heb nu geen zin in deze taak, maar ik weet dat het beter is om er vandaag toch mee te beginnen.'

Wens- of voorkeursdenken: flexibele en bespreekbare ideeën hebben over hoe jij en anderen zich behoren te gedragen. De gevolgen van het niet halen van bepaalde normen en leefregels redelijk en vergevingsgezind benaderen.

> Bijvoorbeeld: 'Ik ben helaas de fout ingegaan, het spijt me en ik zal maatregelen nemen om dit een volgende keer te voorkomen.'

Oorzaken verzamelen: nagaan bij wie, waar en welke verantwoordelijkheden er zijn als er iets misgaat.

> Bijvoorbeeld: 'Door verschillende oorzaken en omstandigheden die slechts voor een klein deel ook bij mij lagen, zijn we deze keer een opdracht misgelopen.'

Kijk na het schrijven in je dagboek of je met behulp van de denk- en waarnemingscorrecties je oordeel over bepaalde problemen kunt bijstellen. Maak zo je eigen *oplossingsdagboek*.

Het moeilijkste van nare gevoelens is vaak de herinnering aan soortgelijke gevoelens uit het verleden of de verwachting dat ze in de toekomst erger zullen worden, het gevoel zelf is best te doorstaan. 95 procent van onze zorgen blijkt achteraf voor niets te zijn geweest. Daar staat tegenover dat we met een meer ontspannen, optimistische houding veel meer van onze (mentale) capaciteiten kunnen benutten.

Als er al gebeurt waar we bang voor zijn, kunnen we er beter mee omgaan en beschikken we over veel meer reserves dan we ons van tevoren hadden kunnen voorstellen.

54
Het goede

Ik ben opgevoed met de Bijbel op school. 's Ochtends bidden, de kinderbijbel met prachtige, dramatische illustraties. De verhalen spraken tot mijn verbeelding. Vooral het lijden en de barmhartigheid van Jezus herkende ik als belangrijke lessen.

Ik sloot hem in mijn hart. Zijn woedende ontruiming van de kerk, zijn compassie voor hoeren en tollenaars en ja, zelfs zijn vergeving van Judas. Zijn radicale acceptatie was een troost.

Zelf ben ik niet gelovig, ik heb geen persoonlijk bekeringsverhaal met bewijzen dat ik God ontmoet heb. Integendeel. Ik heb tot nu toe alleen maar mensen ontmoet. Mensen met en zonder compassie. Eerlijke en oneerlijke mensen.

Tegen godsdienst heb ik geen bezwaar, veel mensen hebben een houvast aan de lessen uit de Bijbel. Ikzelf ook. Wel heb ik moeite met intolerantie of met mensen die het geloof gebruiken om anderen te veroordelen. Dat gaat precies in tegen de centrale boodschap van liefde.

Ook heeft het iets 'schijn'heiligs als sommige gelovigen menen anderen te moeten veroordelen. Want wie is er echt perfect in dit leven?

Ik geloof in integriteit; het goede gedrag. Ik weet dat dat niet gemakkelijk is, maar er is geen alternatief.

Een ver familielid zei ooit tegen me, toen we haar bezochten voor de gezelligheid: ‘Hoe moet het wanneer jullie doodgaan?’

‘Pardon?’ antwoordde ik verbaasd. Ze suggereerde zomaar even tussendoor dat het slecht met ons zou aflopen.

‘Geloof je in God?’ vroeg ze nog eens.

‘Ik geloof in het goede, de goede dingen doen. En ik geloof dat ik dat aan het doen ben, net als jij.’

Een pijnlijke vraag die ik wel begreep, maar hij was compassieloos. In die vraag lag het oordeel al besloten. En in feite werd de kerk misbruikt voor een menselijk oordeel. Of je nu agressie of God gebruikt: het is en blijft aanmatigend.

Net zoals een buurjongen in de supermarkt me een paar jaar geleden agressief toefluisterde: ‘Jij bent toch Fred, die homo, wegwezen!’

Ik heb vaker dezelfde pijn gevoeld van afwijzing, juist daarom is de boodschap van Jezus zo troostend.

Het is voor mij geen optie om agressief terug te slaan, maar wel om de pijn te identificeren en te begrijpen. Om ervan te leren en de lessen door te geven. Dat is ook... het goede.

55
Zelfregulering

Onze honger naar méér lijkt soms niet te stillen. Bij al onze (emotionele) impulsen en verlangens zou het een groot goed zijn als we zouden leren onszelf enigszins te beheersen. Emoties, gedrag en motivatie hebben stuurkracht nodig, van binnenuit. Zelfdiscipline is noodzakelijk om weerstand te kunnen bieden aan alle verleidingen waar we dagelijks mee geconfronteerd worden.

Vooral mensen die eisen of verwachten dat het leven makkelijk gaat, zullen problemen krijgen met hun zelfbeheersing. Er gebeuren namelijk elke dag wel dingen die ons frustreren of waar we wat mee zullen moeten doen. *Rustig en ontspannen leven betekent niet dat alles voortaan vanzelf goed zal gaan.* Inspanning en doorzettingsvermogen blijven nodig... altijd.

Wees niet naïef. Ook met optimisme en positief denken moet je concreet blijven werken aan je doelen. Telkens weer zul je problemen tegenkomen, maar die zijn te overwinnen. Door alleen maar te dromen kun je snel teleurgesteld raken en afhaken. *Frustratietolerantie* blijft noodzakelijk om vooruit te komen.

Ongemak is het beste te verdragen als je bewust je aandacht richt op je mooiste doelen en je prettigste eigenschappen, dat geeft extra energie. 'Lijden' met een doel, namelijk de best mogelijke uitkomst, het vervullen van je verlangens. De frustraties van 'het gewone werken' doorstaan, wetende dat je daarmee in je levensonderhoud kunt voorzien. *Focus je op de kracht, het licht en de goedheid van je levensbestemming.*

Zou je alle obstakels, uitdagingen of tegenslagen op je ontwikkelingspad kunnen gebruiken als een unieke kans om je frustratieveerkracht te trainen en te vergroten?

De school van het leven confronteert je steeds weer met nieuwe huiswerkopgaven, proefwerken en examens. Ook als je al vele diploma's gehaald hebt. Met een vriendelijke houding transformeer je deze onvermijdelijke frustraties naar leermomenten. Zolang je bereid blijft te groeien kun je – in iedere levensfase – deze uitdagingen makkelijker aan.

Met de volgende drie stappen kun je op een creatieve manier je veerkracht en zelfdiscipline vergroten:

Stel *een mooi doel*, wat is je liefste levenswens? Je doel mag betekenisvol en uitdagend zijn, maar ieder stapje op weg naar je doel moet dragelijk of haalbaar blijven.

Gebruik je *verbeeldingskracht* om je het *allerbeste resultaat* van je inspanningen voor te stellen. Creëer je meest ideale reclameposter. Zie in duidelijke beelden hoe je met trots naar je succes kijkt. Voel hoeveel plezier en voldoening jij en anderen hebben van je werk.

Ga *realistisch aan de slag* en maak voor alle moeilijke omstandigheden een goed (nood)plan, zonder perfectie te eisen. Werk in kleine stappen en met begrip voor eventuele beperkingen. Begin met de dagelijkse basisbezigheden op de momenten dat je je redelijk goed voelt. Accepteer dat werken (emotionele) inspanning kost.

Weet dat je meer dan voldoende reserves hebt om iedere frustratie op te vangen!

56
Bedachtzaamheid

Leven met inzicht en beleid voorkomt dat je vanuit impulsiviteit onverstandige dingen doet. Iedere dag komen er vele stressoren voorbij en vaak zijn we geneigd te snel en te geprikkeld te reageren of om dingen te zeggen of te doen waar we later spijt van krijgen. Zorgvuldig en verstandig – met enige afstand – oordelen stelt je in staat constructief te blijven, met respect voor de behoeften van anderen.

Het gaat bij bedachtzaamheid om het creëren, wegen en het harmoniseren van positieve doelen, met een optimistische vooruitziende blik. Rekening houdend met je korte- en langetermijnbelangen.

Bedachtzaamheid en gelijkmoedigheid kun je versterken door je gedachten te vullen met voorbeelden van vertrouwen, geduld, tevredenheid, empathie en liefde. Reflectie vraagt je vriendelijk om je beperkende oordelen, vooroordelen en veroordelingen los te laten.

Om vooruit te komen in het leven kun je niet zonder *zelfbeheersing, inspanningsbereidheid en frustratietolerantie.* Soms lijkt het alsof de buitenwereld niet anders doet dan het opwerpen van moedeloos makende obstakels. De politiek, samenleving, media, beroepsverenigingen, wetenschap; massaal lijken ze maar één doel te hebben, namelijk om met al hun regels, wantrouwen en eisen jouw leven moeilijker maken. Maar bedenk dat er zonder inspanning nooit resultaten kunnen zijn.

Wat er ook op je pad komt, je moet er doorheen... dóórgaan. Je kunt alles overwinnen, het liefst een beetje ontspannen en in haalbare stappen. Verzet tegen de realiteit is zinloos en haalt je naar beneden. Blijf niet vasthouden aan het verleden of vluchten naar de toekomst; zie wat er *nu* aan goeds is.

Zonder bedachtzaamheid dreig je het 'slachtoffer' te worden van probleemsituaties. Je reduceert jezelf tot een blinde slaaf van je emoties. Kun je ervoor zorgen dat je zelf aan het stuur blijft? Zoek de veiligheid van de kant waar je invloed op kunt uitoefenen (hint: op je eigen gedachten heb je altijd invloed), daar is het leven lichter.

Je kunt jezelf blijven trainen in het leren beheersen en reguleren van je gedachten, emoties, motivatie en gedrag. Als je je eigen innerlijke kracht weet aan te boren en te voeden met de juiste geruststellende informatie wordt duidelijk zichtbaar dat levenswijsheid en gezond verstand het altijd winnen van ongenuanceerde impulsen of emoties. Dankzij zorgvuldige denkkracht!

57

Angst, stress en vakantie

Hanteer je vakantiestress

Interview door Ellis Plokker voor Vizier, *het magazine van de Angst, Dwang en Fobie Stichting*

Mensen met een angststoornis worstelen meer dan anderen met de stress die op vakantie gaan oplevert. Stress betekent letterlijk 'druk'.

'In je leven kom je stress tegen, dat is onvermijdelijk,' zegt Fred Sterk. Hij vertelt hoe je die stress beter kunt leren hanteren en geeft tips voor het verminderen van de druk van het op vakantie gaan.

Angst is een normale, menselijke emotie, die ons beschermt tegen gevaar. Angst op zichzelf is dus heel gezond, maar te veel angst kan een belemmering worden in je functioneren.

'Leven betekent stress en stress is leven. Stress is onvermijdelijk,' zegt Sterk. Voor mensen met een angststoornis is het moeilijk om een onderscheid te maken tussen overdreven angst en stress. Sterk: 'Mensen zetten zichzelf vaak extra onder druk omdat ze vinden dat ze niet gespannen mogen worden van vakanties. Ze willen geen spelbreker zijn voor anderen die graag op vakantie willen.'

Volgens Sterk betekent op vakantie gaan ook stress voor mensen zonder angst, want het pakken van de koffers en naar het vliegveld gaan is voor iedereen stressvol. Maar voor mensen met een angststoornis is de extra druk die vakantie oplevert moeilijk te plaatsen. Ze vinden het lastig te bepalen wat normale stress is en wat overdreven angst en/of vermijdingsgedrag is. Ze denken soms dat al hun stress en angst irreëel is, omdat ze een stoornis hebben. Het is maar de vraag of dat zo is.

Eiffeltoren

Wat iemand met een angststoornis zich zou kunnen afvragen, is: is deze spanning functioneel? Weegt het plezier van deze vakantie op tegen de stress die het oplevert en heb je dat ervoor over? 'Het antwoord verschilt per persoon,' zegt Sterk. Daarbij: als je je angst het hele jaar door vermijdt, maar je kunt de vakantie niet vermijden, dan heb je een probleem.

> 'We willen aan het beeld voldoen dat vakantie gelukkig maakt' – *Fred Sterk, pyscholoog*

Vermijden betekent namelijk dat je de angst niet leert hanteren, maar dat je op de vlucht blijft gaan. Als je geen of weinig ervaring hebt met het door de angst heengaan, dan is dat in de vakantie extra moeilijk. Als je bijvoorbeeld hoogtevrees hebt en je vermijdt het hele jaar door je angst, dan wordt het extra lastig om in de vakantie de Eiffeltoren te beklimmen.

Volgens Sterk is het beeld dat mensen bij vakantie hebben dat het erbij hoort, je hoort op vakantie te gaan én het hoort leuk te zijn. Als je angstig bent, wil je het feestje niet verpesten voor de degenen met wie je op vakantie gaat. Dat geeft sociale druk, dus ook stress. Iemand met sociale angst ziet zichzelf eigenlijk als de spelbederver. Hij of zij vindt dat hij eigenlijk die Eiffeltoren op moet; zo kan iemand ziek worden van de druk, want we willen aan het beeld voldoen dat vakantie gelukkig maakt.

Sterk vindt dat vakantie in onze maatschappij te veel gezien wordt als iets waar je aan mee moet doen: 'Na een vakantie hebben mensen iets te vertellen op kantoor. Dat maakt het extra moeilijk voor mensen die een angststoornis hebben, zeker als ze gewend zijn om de angst te vermijden.' Zelf gaat Sterk bijna nooit op vakantie. Niet uit angst, maar als keuze. Als hij vrij is, geniet hij van de stad waar hij woont en hij gaat dagjes uit. Sterk: 'Mensen kijken daar toch altijd een beetje van op. Maar ik heb geen reistijd en hoef niet met het vliegtuig. Dat geeft mij meer rust.'

'Trek je eigen plan'

Sterk: 'Ik denk dat het wel bij een bepaalde fase in je leven hoort om de wereld te willen ontdekken, maar het beeld dat vakantie erbij hoort geeft te veel druk. Het is moeilijk voor mensen met angst om aan dat beeld te voldoen. Maar je kunt je eigen plan trekken. Je *moet* niet op vakantie, je *mag* zelf kiezen. Als je besluit dat het voor jou niet hoeft, dan scheelt dat een hoop druk. Daarbij is het natuurlijk wel zo, dat wanneer je met vrienden of familie gaat en die iets anders willen dan jij, je een beetje zult moeten onderhandelen. Dat je hier iets geeft en daar iets neemt. Je moet je angst die te ver gaat wel ter discussie durven stellen. Want angst kan mensen egocentrisch maken.'

Je kunt het hele jaar oefenen door je angst iedere dag een klein beetje uit te dagen. Sterk: 'Laat je niet beheersen door je angst. Als je het hele jaar door aan je angst werkt, dan is het in de vakantieperiode ook beter hanteerbaar. Je partner of anderen in het gezin kunnen je daarbij helpen door te zeggen wanneer je de angst te veel centraal stelt. Het is niet goed dat alles om de angst gaat draaien. Het helpt om je angst te zien als iets wat er mag zijn, niet om het te dramatiseren of om het te vermijden, maar om ermee om te leren gaan.'

> 'Voor sommige mensen geldt dat ze beter niet op vakantie kunnen gaan' – *Fred Sterk, psycholoog*

Er zijn verschillende technieken beschikbaar om mensen met angststoornissen te helpen, vertelt Sterk. 'De kern is, dat ik als psycholoog help om iemand beter te leren functioneren. Dat is maatwerk, ik kijk waar iemand vastzit en daar ga ik een beetje trekken en duwen om te kijken of diegene weer een beetje los kan komen.

Gedachten van de persoon over zichzelf, het leven en de toekomst spelen een belangrijke rol. Voor sommige mensen geldt dat ze beter niet op vakantie kunnen gaan. Dat besluit kan een enorme bevrijding zijn. Waar het om gaat is de vraag of je echt graag op vakantie wilt. Als dat zo is, dan is het aantrekkelijk om de angst aan te gaan en te proberen die met behulp van therapie en/of een pil te verminderen.' Maar angst en stress blijven onvermijdelijk in je leven, ook als je op vakantie gaat.

Tweets over vakantiestress

Nee, je moet niets. Je mag op vakantie.

De angst is ook relationeel. Je bent waardevol, inclusief je emotiekompas.

Je leert steeds beter de ruis van het werkelijke gevaar te onderscheiden. Wat 'ze' zullen denken, dat is ruis.

Je kunt de angst niet uitdagen als hij er niet mag zijn. #worstelpunt

In de kern van de angst ontdek je de boodschap over je houding. Wat is het meest in het oog springende leerpunt. #controle #geduld #veiligheid #acceptatie

Het is niet gemakkelijk, maar daar ligt juist de uitdaging. Mag je de angst herkennen als je valkuil, mag je hem erkennen als onderdeel van je emotionele verhaal, mag je hem rustig in de ogen kijken en geruststellen? #HetIsGoed #IkBegrijpJe

Nu al zeker moeten weten dat het angstonderwerp ongevaarlijk is, voegt spanning toe. #vriendelijk #geduld

Als angst je valkuil is, dan bouwt alle spanning mee aan de angst. #stress #angst

Angst is niet te vermijden, hij dooft uit als je hem in het gezicht aankijkt. #geduld

Weten dat de angst 'overdreven' is, is geen reden om hem af te wijzen. #herken #erken #hanteer

58

Bescheidenheid

Wat zou de wereld moeten zonder stille sterren? Prachtige mensen die, ongehinderd door een groot ego, hun waardevolle bijdrage leveren aan de samenleving. Ze hoeven niet in de schijnwerpers te staan en laten liever hun prestaties voor zichzelf spreken. Vanuit een stevig zelfvertrouwen weten ze wie ze zijn en wat ze kunnen of betekenen; ze hoeven niet extra speciaal of bijzonder genoemd te worden. Anderen respecteren hun authentieke bescheidenheid.

Waarom zou erkenning altijd uit de buitenwereld komen? Als je in staat bent jezelf en je kwaliteiten op waarde te schatten, blijft het voldoende te weten wie je bent en dat je daar tevreden mee mag zijn.

Stel je eens voor wie je zou zijn – in de meest gunstige zin – zonder perfectie of bewondering te eisen? Hoe zou je je voelen: kalmer, prettiger? Bescheidenheid is geruststellend; je hoeft niets meer te bewijzen. Je bent beter af, zonder een interne criticus of opgeblazen ego die je allebei blijven bestoken met hun opdringerige meningen over je 'marktwaarde'.

Wie van nature in staat is zijn aandachtsperfectionisme los te laten kan meer investeren in het accepteren, aanmoedigen, ondersteunen, begrijpen en respecteren van zichzelf, maar vooral ook van anderen. *Zelfvertrouwen vergroten in plaats van mensen naar beneden te halen.*

Als je de volgende vragen bevestigend kunt beantwoorden scoor je hoog op de kwaliteit van bescheidenheid:

- Kun je de verleiding weerstaan om op te scheppen over wat je bereikt hebt?
- Lukt het je om anderen ook aandacht te gunnen/geven?
- En ben je bereid – zonder uitvluchten – je fouten toe te geven?

Waarom zou je allerlei illusies scheppen om vervolgens niet aan de hooggespannen verwachtingen te kunnen voldoen? Geef meer dan je belooft en overtref jezelf. Het hoeft niet moeilijk te zijn, anderen verwachten simpelweg dat je met integriteit en aandacht jouw bijdrage levert. Dat is alles. Zolang je eigen, te grote ego, je in de weg zit, belemmer je het zicht op de positieve mogelijkheden in en om je heen.

Ware bescheidenheid betekent dat je precies weet wat je wél kunt, maar ook waar je grenzen liggen. Telkens blijf je in staat je prestaties of successen te relativeren, omdat *je weet dat de resultaten van je inspanningen blijven variëren.*

Wat zijn de gevolgen van perfectie eisende buitenkantovertuigingen? Ze zijn schadelijk voor je lichaam, gevoel en (sociale) gedrag.

Laat los wie je zou *moeten* zijn, het voorkomt veel stress, en stelt je in staat de beste versie van jezelf te worden. Vriendelijker, meer ontspannen, lichter en meer in overeenstemming met je innerlijke kracht; natuurlijk meestromend met de flow in je leven.

59

Vergeving

Mensen maken fouten. Soms heel grote, ze kunnen je pijn doen. Het is belangrijk jezelf te beschermen tegen anderen, waarvan je weet dat ze niet goed voor je zijn. Maar veel mensen verdienen ook een tweede of volgende kans. Je zult dan in staat moeten zijn hun misstappen te accepteren als deel van hun menselijkheid of kwetsbaarheid.

Vergevingsgezindheid is een positieve eigenschap. Het betekent dat je begrip hebt voor het *onvermogen* van anderen. *Vergeving en – uit zelfbescherming – afstand nemen, kunnen heel goed samengaan.* Vergeving klaart de lucht, spoelt het verleden schoon, en vriendelijk afstand nemen schept ruimte voor jezelf. Het licht van vergeving omvat wijsheid, harmonie, vrede, nieuwe kansen en gevoelsbegrip.

Vast blijven zitten in wraakfantasieën en kwaadheid blokkeert je energie en zorgt ervoor dat je vastroest. Vergeving is een heilzame en actieve vorm van liefde.

Zodra je vast komt te zitten in allerlei piekergedachten, wraakfantasieën of ruziescenario's kun je eerst je brein kalmeren door gebruik te maken van de volgende liefdevolle vriendelijkheidsmeditatie. Deze beschermingsmantra bevordert je vergevingsgezindheid door jezelf, anderen en de wereld het beste te gunnen en toe te wensen:

'Ik ben goed, gezond en gelukkig.'
'Jij bent goed, gezond en gelukkig.'
'Jullie zijn goed, gezond en gelukkig.'

Herhaal deze mantra, naar je eigen voorkeur, zittend, liggend of rustig lopend.

Goede eigenschappen zoals vergevingsgezindheid zijn licht en leeftijdsloos. Persoonlijke kwaliteiten blijven eeuwig jong, ze bieden je de schoonheid en overvloed die je verdient.

Vergeving zoekt in mensen naar ruimte, zodra ze een opening ziet zal ze die benutten. Sommigen staan er meer voor open, ze zijn in staat menselijkheid en kwetsbaarheid te accepteren. Hun goedheid laat sporen na op alles wat ze aanraken.

Gelukkig kent iedereen momenten van een heldere, wijze openheid. Vergevingsgezindheid en mededogen krijgen tijdens deze zuivere momenten de kans om zich te manifesteren of zich liefdevol te uiten.

60
Spiritualiteit

Veel mensen halen kracht uit de lichte, hoopgevende kanten van het geloof of uit een spirituele levensinstelling. Het geeft hun leven zin en betekenis. Vaste, veilige overtuigingen over het hogere doel van ons bestaan kunnen een belangrijke stimulans zijn om het beste uit jezelf te halen en om te proberen een goed, integer mens te zijn.

Spiritualiteit biedt troost. Op de momenten dat je angst of verdriet de overhand dreigen te nemen, kan het helpen je zorgen 'over te dragen' aan een hogere helpende macht. *Vragen om hulp of een goede afloop kan net dat steuntje in de rug bieden om door te zetten.*

Bidden, mediteren en steun vragen aan een goede, liefdevolle kracht hebben met elkaar gemeen dat je daarvoor de reis naar binnen mag maken. Zelfs alleen in het donker kun je altijd contact maken met je persoonlijke liefde of goedheid. Deze innerlijke energie is onvermoeibaar, genezend, onuitputtelijk en mateloos krachtig. Alles wat je nodig hebt om het leven aan te kunnen vind je bij deze spirituele, innerlijke bron.

Mag je geloven in groei, positieve intenties en het uitkomen van je wensen of dat je gebeden verhoord zullen worden?

Wanneer je iets wilt veranderen kun je het beste *van goed naar goed gaan*. Dat betekent eerst vanuit de wel-stand (wat is er wel gelukt?) inventariseren wat je al een beetje goed doet van je gewenste gedrag en er vervolgens positievere elementen aan toevoegen.

Met een opbouwende, constructieve houding kun je meer veranderen dan met het idee dat je alles fout hebt gedaan en nu een radicale grote (meestal onhaalbare) omslag moet maken.

Wat je gelooft kan in je leven tot uiting komen. Je kunt iedere wensgedachte - als een waardevol zaadje - in je onderbewuste planten. Je onderbewuste zal er vervolgens alles aan doen om datgene waar je in gelooft uit te laten komen. *Durven geloven in je kracht brengt overvloed, extra energie, inspiratie en doorzettingsvermogen.*

Bij alle uitdagingen die je in je leven aan moet gaan, heb je vaak te maken met een grote, belemmerende hoeveelheid angst. Om de taak *inhoudelijk* aan te kunnen heb je meestal maar een beperkt deel van je capaciteiten nodig. Zonder angst zou er nauwelijks een probleem zijn. Als je dus in staat bent je angst te bezweren, dan kun je alles aan.

Het *durven geloven* in je natuurlijke capaciteiten en/of de hulp van je hogere zelf zal je angsten hanteerbaar houden.

Geloven biedt troost en stelt je open voor een grotere wijsheid. Of je nu gelooft in een hogere kracht binnen of buiten jezelf, de centrale boodschap blijft dat je *meer* bent dan je angsten, *meer* dan je zorgen, *groter* dan wat er nu voor jou zichtbaar is.

61
Geluksmantra's

In ons hoofd cirkelen dagelijks vele gedachten en meningen over onszelf rond. Waar we ons minder van bewust zijn, is dat deze meningen een grote invloed hebben. Het zijn bestelbriefjes voor het soort leven dat we kiezen.

Bijvoorbeeld de hele dag herhalen dat je dom, slordig, dik of wat dan ook bent, kan niet zonder gevolgen blijven. Automatisch ga je je ernaar gedragen en brengt het je in een spiraal naar beneden. Als je domheid, slordigheid, overgewicht et cetera bestelt, wordt het keurig bij je afgeleverd. Of je het leuk vindt of niet.

Je gedachten mogen doen wat ze zelf willen, je hoeft er niet in mee te gaan. Je kunt ze van een afstandje observeren, zonder er nadelige bestelbriefjes van te maken. Terwijl je gedachten voortrazen, kun je de mooiste geluksmantra's of affirmaties herhalen zoals: ik *ben* liefde, wijsheid, overvloed, sterk, schoonheid, succesvol, vrede, dankbaar et cetera. Dat is pas een bestel- of boodschappenlijstje waar je van gaat groeien en stralen. Als bijkomend voordeel maken geluksmantra's je rustiger en kalmeren ze je angsten.

Maar wat moet je nu doen als je negatieve gedachten maar doorgaan of nog erger, als je ze blijft geloven? Heel simpel, zet er de volgende woorden voor: *Ik ben bang dat ik [dom, slordig, dik of wat dan ook] ben.* Je benoemt wat er echt aan de hand is, het is alleen maar de voorbijgaande *angst* niet goed genoeg te zijn. Niet meer en niet minder. Vervolgens kun je de positieve mantra's gaan herhalen als goede, hoopvolle wenslijsten.

Doen alsof je angst meer is dan alleen een gevoel, het gaan vermijden, ontkennen of overschreeuwen is niet nodig, zolang angsten en twijfels er mogen zijn. Daarnaast blijft er meer dan genoeg ruimte over voor je geluksmantra's. Ze versterken je wils- en veerkracht en wijzen je op een grotere wereld om je heen. Met positieve, constructieve energie maak je de weg vrij naar waardevolle doelen, genezing en geluk.

Minderwaardigheidsgevoelens verdienen steeds hetzelfde recept van mindfulness: er zeker niet aan toegeven, ze niet gaan vermijden en ze niet overschreeuwen, maar ze volledig erkennen als voorbijgaande angsten.

62
Humor

Houd je van lachen en maak je graag plezier met anderen? Een speelse houding, anderen laten (glim)lachen en ook de lichte kanten van allerlei situaties kunnen zien helpt om het leven en jezelf te relativeren. Vanuit ontspanning bereik je vaak meer en voorkom je dat je vastloopt in te perfectionistische en te serieuze, strenge opvattingen over hoe alles zou moeten gaan.

Humor kan geneeskrachtig werken, en ook al is het geen wondermiddel, er zijn voorbeelden van mensen die zichzelf – bij tegenslag en ziekte – bewust beter hebben gelachen door bijvoorbeeld lachmeditatie of door dagelijks urenlang te kijken naar ontspannende, humoristische films en series.

Humor helpt in zware tijden. Kun je je herinneren dat je in het verleden humor gebruikt hebt om anderen of jezelf een beter gevoel over iets te geven? Je kunt komische benaderingen van problematische situaties of goedbedoelde slimme grappen iedere dag opnieuw bewust proberen op te merken en er je voordeel mee doen. Lachen is goed voor je zelfbeheersing, het voorkomt dat spanningen te hoog oplopen.

Transformatie-experiment voor een meer ontspannen levenshouding (5 minuten)

Ga 's avonds voor het slapen zo ontspannen mogelijk liggen in de prettigste lichaamshouding. Laat in je verbeelding nog eens langskomen wat je die dag gedaan hebt. Kies een gebeurtenis die er het meest uitspringt en start een verfraaiings- en optimalisatieprocedure. Vraag je allereerst af wat er, achteraf gezien, goed aan deze gebeurtenis zou kunnen zijn.

Kleur de gebeurtenis opnieuw in en stel je de meest kalme, ideale aanpak voor. Hiermee zend je een prettig ontspannen gevoel naar je onbewuste zodat je tevreden kunt gaan slapen.

Geïdealiseerde situaties geven je onbewust de opdracht om soortgelijke gebeurtenissen in de toekomst automatisch positiever te benaderen. De voorkeursaanpak van je hogere zelf in lastige situaties wordt zo op een prettige manier aangeleerd en bevestigd.

En ook al loopt niet alles zoals je het zou willen, achteraf kun je vaak ook nog wel (glim)lachen om je eigen missers, fouten en mislukkingen. Bij lastige, teleurstellende ervaringen kun je je afvragen: wat zou hier later grappig aan kunnen zijn? *Lach je los, zodra het kan.* Misschien kan het NU al ;)

Het leven is beter als je lacht. Lach én vooral: blijf nieuwsgierig, sluit vrede met imperfectie, kies voor vriendelijkheid, houd moed, toon dankbaarheid, accepteer verandering en speel meer!

Humor voorkomt dat je je verliest in een zelf-kwellend perfectionisme. Maak er een gewoonte van actief te blijven zoeken naar pluspunten. Het belangrijkste criterium bij alles wat je doet, mag zijn: is of was mijn intentie *liefdevol*? Als je die vraag bevestigend kunt beantwoorden, dan kan het niet anders dan goed genoeg zijn.

63

Reclame voor jezelf

Overal worden we geconfronteerd met reclameboodschappen. Op de televisie, radio, internet, langs de weg, in tijdschriften, kranten, winkels en warenhuizen en op vele andere plaatsen. Er worden jaarlijks miljarden euro's aan uitgegeven.

Producenten zouden er nooit zoveel geld aan uitgeven als het niet om een zeer machtig fenomeen ging. Mensen worden er bewust of onbewust door beïnvloed. Hieronder gaan we gebruikmaken van technieken die in de reclamewereld vaak worden toegepast en die hun kracht al vele tientallen jaren hebben bewezen. We gaan ze niet inzetten om product x of y te promoten, maar om je te leren het geloof in jezelf, je mogelijkheden en je positieve eigenschappen te vergroten.

Iedereen die last heeft van stress en/of weinig zelfvertrouwen, zou eigenlijk een persoonlijke coach moeten hebben die moed inspreekt en alle innerlijke kracht zou weten te mobiliseren.

Aangezien dit voor veel mensen in de praktijk niet mogelijk is, hebben we op onze website www.sterk-swaen.nl ontspannings- en meditatieoefeningen samengesteld die de functie van een persoonlijke coach kunnen overnemen. Deze '*Denk je sterk*'-oefeningen en -meditaties helpen je negatieve angstgedachten te vervangen door positieve gedachten. Je kunt de methode vergelijken met de opwekkende of aansporende woorden (peptalk) die sportmensen gebruiken om tot betere prestaties te komen of om vol te houden in moeilijke omstandigheden.

De positieve teksten stimuleren lichaam en geest tot beter functioneren en helpen beter met spanningsvolle situaties om te gaan. Hierbij moet je wel bedenken dat positief denken niet hetzelfde is als *eisen* dat je volmaakt bent. Zowel het redelijke denken als de positieve verbeeldingsoefeningen zijn goed voor je zelfwaardering. Er is niets mis met positieve verbeeldingsoefeningen zolang ze je helpen je mogelijkheden te vergroten en je innerlijke kracht naar boven te halen.

Je kunt het beste voor jezelf wensen zonder dat dit ten koste hoeft te gaan van je prestaties; zodra je echter van jezelf perfectie gaat *eisen* en vindt dat je de absolute top moet halen, kun je in de problemen komen. Door de druk die je jezelf oplegt kan je prestatievermogen aangetast worden en kan de angst om niet aan je eigen eisen te voldoen de overhand nemen. Bovendien verlies je het plezier in het uitvoeren van je taken.

Een goede prestatie leveren is prettig, maar het is geen voorwaarde om gelukkig te worden. Prestaties hebben niets met je waarde als mens te maken. Stel dat je vandaag fantastische prestaties zou leveren en morgen niet, zou dan automatisch je waarde als mens afnemen?

Aanwijzingen voor de juiste balans tussen realistisch denken en positieve verbeeldingsoefeningen zijn moeilijk te geven. Als je door je werk of studie onder druk staat, kun je beide technieken combineren. Voor mensen die een prestatie moeten leveren, gebruiken we het volgende schema, waarin de voordelen van beide methoden gecombineerd worden.

Vooraf: je kracht mobiliseren

Het beste is om vóór een bepaalde taak jezelf voor te stellen, te verbeelden, dat je hem met gemak heel goed zult kunnen volbrengen. Gebruik hierbij ook ontspanningsoefeningen. Zie in duidelijke beelden voor je hoe jij een topprestatie levert. Positieve verbeelding is een effectief en machtig middel om het beste uit jezelf te halen. Je komt in een overwinningsstemming.

Tijdens: belemmerende gedachten veranderen

Tijdens de uitvoering van de taak sta je jezelf toe om fouten te maken en dingen niet te weten. Je probeert de eventuele spanning die je voelt te accepteren. Een relativerende houding en geruststellende gedachten helpen je om innerlijke barrières te doorbreken.

Achteraf: je groei bevorderen

Nadat je de taak hebt volbracht, is het goed om te kijken naar de dingen die wel gelukt zijn en, als je de moed hebt, te leren van je fouten. Ook dit wordt weer makkelijker als je jezelf toestaat om feilbaar te zijn. Beloon jezelf voor de inspanning!

64
Hoop

- Verwacht je het beste voor de toekomst?
- Ben je bereid te werken aan een betere wereld?
- Heb je het gevoel dat je zelf invloed hebt op en controle hebt over je eigen leven en toekomst?

Als je bovenstaande vragen bevestigend kunt beantwoorden, dan scoor je hoog op de eigenschappen hoop en vertrouwen. Eigenschappen die je veel houvast bieden en die je kunt leren ontwikkelen en inzetten als stevige anti-angstkwaliteiten.

Tegenslagen kunnen ons moedeloos maken. Vandaar dat het van groot belang is je innerlijke hoop levend te houden. Als je niet meer hoopvol durft te zijn wordt het in gang zetten van positieve veranderingen een stuk moeilijker. Hoop kan je eraan herinneren dat je sterker bent dan je denkt, vooral als het je allemaal te veel wordt en je op zou willen geven.

Hoop vergroot je probleemoplossende vaardigheden, stimuleert je aanpassingsvermogen en verbetert je prestaties en gezondheid. Het is hét geheime ingrediënt van vooruitgang. Met een hoopvolle houding kunnen zelfs verdriet en angst zich in groei vertalen.

Houd je hoop levend door ervoor te zorgen dat je altijd aantrekkelijke (sub)doelen hebt. Iets om naartoe te leven. Maak ook gebruik van je verbeeldingskracht, stel je levendig voor wat je zou kunnen doen. Je verbeelding kent gelukkig geen grenzen of belemmeringen.

Actief je hoop inzetten betekent erop vertrouwen dat je wensen, vroeg of laat, uitkomen. Daarnaast ook – stap voor stap – alle goede, constructieve dingen blijven doen die nodig zijn om je doelen te bereiken. Geduld, positieve intenties en vertrouwen worden beloond.

Hoop betekent dat je bij al je activiteiten net doet alsof je al in de meest ideale situatie bent. Je gebruikt dat goede gevoel om vol te houden en je blijft ook geduldig investeren in alle basisactiviteiten die horen bij je dagelijkse ritme en rituelen. Het zal je verbazen hoe goed het voelt om in beweging te blijven en om gezonde positieve vitamines aan je dag toe te voegen.

Hoop kan nooit tevergeefs zijn:

- Omdat we dezelfde mensen blijven, ongeacht onze omstandigheden, hoe goed of slecht we het ook doen, los van alle dagschommelingen. We blijven altijd onze pure, waarachtige zelf. Het mooiste van wie we echt zijn, overstijgt alle omstandigheden.

- Omdat we, telkens opnieuw, de basale dingen kunnen doen die ons leven zin, plezier en rust geven.

- Omdat ons geluk toe zal nemen naarmate we in staat zijn frustraties, uitdagingen en tegenslagen te doorstaan.

Duurzame voldoening gaat samen met zin geven aan je leven. De meeste mensen willen uitsluitend investeren in het verdoven van emoties, maar dat werkt meestal averechts. Vluchten voor je gevoelens helpt niet.

Zonder tegenslag is er geen groei. Je kunt beter eerst leren je uithoudingsvermogen te vergroten en jezelf te trainen in het leren omgaan met uitdagingen, en daarbij je vertrouwen, hoop en positieve verwachtingen blijven koesteren als kostbare geschenken.

65

Bewust kompas

Iedere dag, ieder moment vraagt om keuzes. Wat is belangrijk voor vandaag? Wat wil je doen? Het gaat over acties. Werken of spelen? Of allebei?

Waar heb je behoefte aan? Welke acties zullen je aan het einde van de dag tevredenstellen? Waar komt het antwoord op deze keuzes vandaan? Heel eenvoudig: *inchecken bij jezelf.*

Inchecken bij jezelf is een vaardigheid van luisteren en voelen/ervaren. Het is een innerlijke bezigheid en het is zelfzorg.

Wanneer je voor jezelf gaat verwoorden wat er vanbinnen gebeurt, wordt het nog duidelijker. Woorden geven aan je emoties, je wensen en je grenzen verduidelijkt je aanwezigheid en je identiteit. Op de eerste plaats voor jezelf. En natuurlijk ook voor je dierbaren, als je het met ze deelt.

Dit inchecken bij jezelf vraagt een accepterende en waarderende houding. Het is jezelf de ruimte gunnen om je positie te bepalen voor deze dag. In feite betekent het dat je de automatische piloot uitschakelt en zelf het stuur in handen neemt, bewust. Ik adviseer het mensen wanneer ze overprikkeld, overstuur, angstig of overwerkt zijn. Want de automatische piloot heeft hen in de problemen gemanoeuvreerd.

De automatische piloot moet opnieuw worden ingesteld. Wat er ook gebeurt, je kunt het bekijken met volle aandacht. Je *relatie* met alle omstandigheden kan verbeteren. *Automatische reacties zijn te transformeren naar bewuste, redelijke, uitgebalanceerde antwoorden.*

Wanneer er sprake is van achterstallig onderhoud op het gebied van zelfzorg en zelfverwerkelijking is het inchecken bij jezelf, in eerste instantie, geen prettige bezigheid. Je loopt aan tegen moeilijke emoties en opvattingen (faalangst, perfectionisme, minderwaardigheid, verlatingsangst). Maar als je de moed opbrengt daar rustig doorheen te werken, zal het steeds duidelijker worden wat echt goed voor je is en wat je echt nodig hebt om gelukkiger te worden.

Luisteren naar jezelf, ruimte maken voor je emoties door ze te verwoorden. Je valkuil en inspiratiebronnen ontdekken. Dat is leren van jezelf. Als je dat durft zal je kompas zich ontwikkelen tot een toetssteen in je leven. Een anker waar je altijd naartoe kunt om te checken of je op de goede weg bent. Dit spoor is enkel toegankelijk voor diegenen die hun fouten of vergissingen durven toe te geven aan zichzelf en anderen.

Doelbewuste, niet-oordelende aandacht leidt naar minder 'zeker weten' en meer vertrouwen op jezelf.

Zie ook https://www.youtube.com/user/HappinezMagazine/

66

Dankbaar, dankbaar en... dankbaar!

Neem je voor lief wat er in je leven gebeurt of probeer je bewust stil te staan bij alles wat er goed gaat? Voor je geluk is het van groot belang je dankbaarheid te uiten voor alle dingen waar je tevreden of blij mee mag zijn. Het geeft iedereen in je omgeving een prettig gevoel en motiveert jezelf en anderen om opbouwend te blijven.

Dankbaarheid biedt je een uitweg uit de dagelijkse sleur. Het brengt je in contact met hogere, inspirerende doelen en maakt energie vrij voor extra daadkracht. De zin en betekenis van je dagelijkse inspanningen worden weer duidelijk. Een vriendelijk woord en waardering bevestigen dat je op de goede weg bent. Een cadeau dat je ook anderen gunt.

Wees gul met complimenten en herstel zo de verbinding met de mensen in je omgeving. Een krachtig wapen tegen eenzaamheid. We vergeten maar al te vaak dat er tussen mensen ontelbare verbindingslijnen lopen. Kun je anderen blijven zien en opmerken? Wanhoop en eenzaamheid verdwijnen zodra je het goede in anderen en jezelf blijft zien. Troost jezelf met de gedachte dat je nooit alleen bent, je medemensen voelen dezelfde pijn, vreugde, hoop en spijt die jij voelt.

Vrede en geluk steunen op een stevige basis van dankbaarheid. Hoe meer waardering, hoe meer je kunt genieten van elk moment. Behalve met je woorden, kun je ook via je gedrag je dankbaarheid tonen. Bijvoorbeeld door iemand te helpen. Iets doen voor iemand die het nodig heeft brengt je in flow. Zorg wel dat geven en nemen redelijk in balans blijven. *Goedheid werkt aanstekelijk.*

Hoe weet je nu of je vanuit dankbaarheid of ontevredenheid (nooit genoeg...) denkt en handelt? De volgende punten wijzen op een 'dankbare' houding:

- dankbaarheid maakt je milder, maar ook krachtiger;
- je voelt je vrijer en kunt meer geduld opbrengen;
- je wordt vanbinnen rustiger en staat meer open voor nieuwe kansen;
- je kunt rekening houden met anderen en bent meer gericht op verbinding;
- je voelt je zekerder over je doelen en inzichten;
- je komt liefdevoller en tevredener over op anderen.

Waardering of voldoening vind je overal; in je energiegevende doelen en talenten, in alles wat je doet om de wereld een beetje beter en mooier te maken, en in het koesteren van je respect én zorg voor anderen.

Waar ben je vandaag dankbaar voor, blij mee, trots op of tevreden over? Geef deze dag een gelukscijfer: ...

67
Excellentie en schoonheid

Op alle gebieden van het leven is er veel te bewonderen. Sta je open voor de schoonheid en excellentie om je heen? De natuur, kunst, wetenschap en oneindig veel alledaagse dingen bieden je iedere dag opnieuw vele kansen om je te laten inspireren.

Wat gebeurt er bijvoorbeeld met je als je een prachtige speelfilm ziet die je tot tranen toe ontroert? *Je wordt als het ware even boven jezelf uitgetild, je geloof in alles wat goed is wordt weer hersteld.* Je durft weer vol vertrouwen verder te gaan. Voor even voel je je verbonden met een hoger bewustzijn dat alle dagelijkse zorgen overstijgt. De betekenis en het doel van je persoonlijke levensreis worden weer zichtbaar. Je weet weer waarvoor je alles doet.

Schoonheid, gecombineerd met onvoorwaardelijke echtheid, roept ontzag en bewondering op. Er zijn vele waardevolle manieren om het leven mooier te maken, voor jezelf, maar vooral ook voor anderen. Hoe kun je extra kleur geven aan het alledaagse bestaan? Je vaardigheden en talenten blijven ontwikkelen is het beste recept voor groei en nieuwe energie. Maar ook bewust het goede in anderen aanspreken helpt de wereld steeds een beetje liefdevoller en beter te worden.

Verzamel positieve en inspirerende dingen, zowel in de gewone als de virtuele wereld. Maak bladwijzers van sites met waardevolle informatie, prachtige plaatjes en gezondheidstips. Zodat je, iedere dag opnieuw, kunt beginnen met positieve mentale vitamines. Vooral bij tegenslagen of mindere dagen heb je extra steun en bemoediging nodig. Zorg dat die in overvloed in je persoonlijke omgeving aanwezig zijn.

Excellentie en schoonheid zijn dichterbij dan je denkt, ze kunnen zelfs de meest grauwe of saaie omstandigheden opfleuren. Gebruik je *creativiteit* bij alles wat je doet.

- Probeer zo *vriendelijk* mogelijk met anderen om te gaan.
- Blijf volkomen *wakker en bewust* in het hier en nu.
- Zie iedere uitdaging als een mooie *groeikans*.

Wat kun je doen om *nieuwsgierig* te blijven? Er is – op elke leeftijd – zoveel te ontdekken, te leren en te ontwikkelen. En je prestaties zullen extra groeien zolang je *trots* mag zijn op je dagelijkse inspanningen. Alles wat je doet telt mee!

68
Zelfacceptatie

Als je met sociale angst (angst voor afkeuring door anderen) worstelt, is je zelfbeeld negatief. De angst zelf wordt vaak ook nog een extra reden om jezelf af te keuren. Een negatief zelfbeeld *lijkt* heel geloofwaardig en *voelt* heel overtuigend. Zo overtuigend dat al je beslissingen erdoor worden bepaald.

Vermijding van moeilijke sociale situaties wordt belangrijker dan het werken aan – voor jou – belangrijke doelen. Je vermijdingsstrategieën versterken de geloofwaardigheid van je negatieve overtuigingen en daardoor kom je verder vast te zitten in een negatief zelfbeeld. Vanuit een negatief zelfbeeld blijf je vechten met je persoonlijke opvattingen over angst, leren en succes; een worsteling met hoe je je voelt versus hoe je *denkt* te moeten zijn.

Tips voor meer zelfacceptatie

Neem een leerhouding aan

Fouten zijn er om van te leren, niet om je er door te laten verslaan. Mag je fouten maken? Volgens mij moet je fouten maken om vooruit te kunnen komen en kracht te verwerven. Denk aan je kindertijd. Hoe vaak ben je gevallen voordat je een volleerd fietser was? Ieder mens draagt littekens van het vallen en weer opstaan in de kindertijd. Rekenen kon je ook niet in één keer. Herinner je je het geworstel met staartdelingen en percentages? De toestemming om het nog niet te weten schept ruimte voor leren en ontwikkelen.

Wees nieuwsgierig naar jezelf

Met een leerhouding blijf je in ontwikkeling en blijf je groeien. Met zelfkennis kun je passende keuzes maken. Heb je je kwaliteiten al ontdekt? Waar ben je erg goed in, welke werk- of leeractiviteiten raken je positief? Welke doelen zou je willen verwezenlijken als je dat zou durven? Welke kwaliteit ontwikkel je wanneer je een aantrekkelijk doel dichterbij haalt?

Maak een onderscheid tussen feiten en negatieve interpretaties

De triggers voor je sociale angst zijn feitelijke gebeurtenissen: een vreemde die voordringt bij de bakker, een sollicitatiegesprek voeren, acquisitie plegen voor je bedrijf, een voordracht houden. Triggers die angstopwekkende interpretaties en gedachten oproepen.

Door je gedachten te analyseren (ze op te schrijven, denkfouten op te sporen, alternatieve interpretaties en conclusies te noteren) leer je je brein nieuwe positieve denkstappen te maken. Denkstappen die je bevrijden van een belemmerend negatief zelfbeeld. Redelijke gedachten zijn meestal vriendelijker dan je eigen ondermijnende zelfkritiek.

Focus op dankbaarheid en successen

Leer te kijken naar wat er goed gaat en hoe jij daaraan hebt bijgedragen. Leer dankbaar te zijn voor de mooie dingen en mensen in je leven. Waardering is een angstremmer. Zet jezelf in de 'wel-stand', dat wil zeggen: verzamel wat er *wel* gelukt is. Leer je doelen ook weer tijdelijk los te laten en te genieten van wat er nu al is. Een vriendelijke en verzorgende houding zal je nog krachtiger en energieker maken.

Daag jezelf uit door dingen te doen die je moeilijk vindt

Oefenen, oefenen, oefenen en ondanks de angst toch richting je doelen blijven gaan: dat is de kern van succes. Kleine en grotere overwinningspunten opsparen. Onderweg leer je dat niet de sociale angst en fouten je succes bepalen, maar je flexibiliteit, frustratietolerantie en doorzettingsvermogen. Niet uiterlijke schoonheid of financiële rijkdom brengen je in een flow, maar je innerlijke wijsheid, je vaardigheden en je betrokkenheid.

Veel dingen durfde ik ook niet, maar ik ben heel dankbaar dat ik ze uiteindelijk toch gedaan heb.

69

Je houding positief bijstellen

Je leven zou een stuk gemakkelijker kunnen worden als je erin zou slagen je levenshouding te veranderen. Iemand met een negatieve houding zal meer last hebben van allerlei negatieve gedachten dan iemand met een meer relativerende houding. Je houding fungeert als een soort voedingsbodem voor je gedachten.

Door je algehele levenshouding bij te stellen, word je weerbaarder in moeilijke situaties. Hieronder staan de houdingen die je kunnen helpen om je focus te richten op het zoeken naar oplossingen. Als geheugensteun gebruiken we het woord ERUIT. Elke letter staat voor een houding:

Eisen loslaten
Realistisch blijven
Uithoudingsvermogen opbouwen
Iemands tekortkomingen accepteren
Tolerantie nastreven

Eisen loslaten: *'Ik geef er de voorkeur aan dat dingen gaan zoals ik dat wil.'*

Wanneer je in staat bent je 'eisen' los te laten, krijg je een flexibelere levenshouding. Je laat je leiden door bepaalde leefregels, maar bent in staat deze aan te passen wanneer de omstandigheden daarom vragen. Je hebt voorkeuren en wensen, maar je weet dat je niet altijd kunt krijgen wat je wilt en dat het onmogelijk is om alles uit de weg te gaan wat je pijnlijk of vervelend vindt. Je richt je energie op het bereiken van je doelen zonder je op je doelen blind te staren. Je bent in staat de realiteit te accepteren, hierdoor kun je beter omgaan met spanningen en sta je open voor het zoeken naar constructieve oplossingen.

Realistisch blijven: *'Het is jammer, maar niet onoverkomelijk als dit zou gebeuren.'*

Tegenslagen of teleurstellingen beoordeel je op hun ware omvang. Je hanteert daarbij de categorieën: licht, matig, ernstig en zeer ernstig. Indien nodig praat je er met anderen over en je staat open voor hulp en advies. Je beseft dat jij niet de macht hebt om te bepalen of iets wel of niet mag gebeuren en dat veel dingen gebeuren zonder dat je erom gevraagd hebt. Je neemt verantwoordelijkheid voor je eigen leven, maar verwart dit niet met jezelf overal de schuld van geven. Je accepteert onzekerheden, omdat je beseft dat absolute zekerheid niet bestaat. Om te voorkomen dat je vastloopt met sommige taken, hanteer je de regel: 'Liever iets doen met kritiek dan niets doen zonder kritiek.'

Uithoudingsvermogen opbouwen: *'Het bereiken van mijn doelen kost inspanning.'*

Je weet dat het bereiken van je doelen inspanning kost. Je traint jezelf in het opbouwen van uithoudingsvermogen. Zolang het je helpt om je doelen te verwezenlijken, ben je in staat frustraties, ongemak en negatieve gevoelens te doorstaan, zonder deze erger te maken dan ze zijn. Er is een evenwicht tussen de voldoening die hoort bij het bereiken van langetermijndoelen en het plezier van kortetermijndoelen. Je stelt taken niet uit maar deelt ze op in kleine stappen, en daardoor ben je beter in staat je werkafspraken na te komen. Dingen die je 'spannend' of 'eng' vindt, probeer je te zien als een uitdaging. Je benut je talenten en oefent, zonder jezelf te forceren, in het leren omgaan met je angsten.

Iemands tekortkomingen accepteren: *'Mensen mogen fouten maken.'*

Je beseft dat alle mensen feilbaar zijn en dat iedereen zijn eigen kwetsbare punten heeft en fouten kan maken; dat je ze niet direct ziet, wil niet zeggen dat ze er niet zijn. Je weigert om etiketten op jezelf of anderen te plakken, omdat het onmogelijk is alle eigenschappen en gedragingen van mensen in termen te vangen. Je maakt een onderscheid tussen het gedrag van mensen en hun waarde als mens. Je accepteert dat iedereen goede, slechte en neutrale eigenschappen heeft.

Tolerantie nastreven: *'Niets kan mijn waarde als mens aantasten.'*

Je probeert verdraagzaam te zijn en jezelf of anderen niet als slecht, waardeloos of minderwaardig te classificeren. Je probeert meer begrip op te brengen voor het feit dat de meeste mensen het erg druk hebben met hun eigen dagelijkse zorgen en problemen. Je neemt het recht om zelf de belangrijkste persoon in jouw leven te zijn. Je benadert meningsverschillen met een meer 'wetenschappelijke houding' en ziet er een mogelijkheid in je opvattingen en ideeën te toetsen. Je hoeft niet alles wat anderen doen toe te juichen. Je onderkent dat het juist de verschillen tussen mensen zijn, die mogelijkheden bieden om nieuwe dingen te ontdekken en te leren.

70
Laat los

Voor het stimuleren van je positieve denkkracht hebben we een gedachte-experiment samengesteld dat speciaal bedoeld is voor mensen die beweren geen afstand te kunnen nemen van hun piekergedachten.

We dagen je uit te experimenteren met de onderstaande oefening en vervolgens na te gaan of het op zijn minst mogelijk is iets meer afstand te nemen van het piekeren. Herhaal deze oefening (LAAT LOS) voor verschillende piekerthema's:

Leer het verschil tussen vastklampen en loslaten
Analyseer of doorpiekeren zinvol is
Accepteer de realiteit
Traceer eerdere succesvolle loslaatervaringen

Laat met verbeeldingskracht overwinningsgevoelens toe
Overtuig jezelf ervan dat je ook nu boven het piekeren kunt staan
Stimuleer een ontspannen loslaathouding in het dagelijks leven

Leer het verschil tussen vastklampen en loslaten

Vasthouden aan een piekergedachte heeft alleen zin als alle denkenergie ook tot een daadwerkelijke oplossing leidt, als er echte veranderingsmogelijkheden zijn. Datgene waar je weinig aan kunt veranderen of waar je geen invloed op kunt uitoefenen kun je beter loslaten. We zijn als mensen vaak geneigd om ons vast te klampen aan alles wat belangrijk voor ons is, terwijl loslaten vaak meer de rust en wijsheid biedt die we, ook in moeilijke situaties, nodig hebben.

Analyseer of doorpiekeren zinvol is

Kun je met piekeren je onzekerheid over dit onderwerp oplossen? Is dit een piekeronderwerp waar je telkens weer in vastloopt? Is het gezonder om geduldig af te wachten? Wat zijn de argumenten voor en tegen het loslaten van dit onderwerp?

Accepteer de realiteit

De realiteit laat zich niet dwingen. Een 'verstandig' deel van je brein kan beslissen dat piekeren niet meer nodig is maar een ander, ongrijpbaarder en angstig deel kan er nog lang niet mee klaar zijn. Observeer deze 'piekerdrukte' in je hoofd van een afstandje zonder daardoor van slag te raken. Kun je juist nu extra aardig zijn voor jezelf? Net zoals bij een lichamelijke pijnaanval zul je een hevige piekeraanval ook weleens uit moeten laten razen. Zeg gewoon: 'Oké, nu ben ik blijkbaar toch nog even angstiger dan ik zelf dacht.'

Traceer eerdere succesvolle loslaatervaringen

Welke piekeronderwerpen heb je in het (verre) verleden met succes los kunnen laten? Weet je nog hoe druk je je eerder in je leven over van alles en nog wat kon maken? Hoe je gepiekerd hebt over allerlei dingen waar je vreselijk tegenop zag of waar je heel teleurgesteld over was? Toch is het je uiteindelijk gelukt veel van die zorgen weer met succes los te laten.

Laat met verbeeldingskracht overwinningsgevoelens toe

Stel je voor dat het je heel goed gelukt is een piekeronderwerp los te laten. Maak een krachtig beeld waarbij je ziet hoe je bepaalde zorgen overwonnen hebt. Zie duidelijk voor je dat je deze zorgen met een glimlach letterlijk achter je hebt kunnen laten. Voel het in je lichaam en laat het tot uitdrukking komen in je lichaamshouding. Luister naar muziek die dit overwinningsgevoel kan versterken.

Overtuig jezelf ervan dat je ook nu boven het piekeren kunt staan

Acceptatie betekent dat je jezelf toestaat een piekerprobleem los te laten. Je kunt er als het ware boven staan en inzien dat veel dingen nu eenmaal gaan zoals ze moeten gaan. Stel je voor dat je vaardigheden als geduld, niet-handelen en loslaten ook op een huidig piekerprobleem kunt toepassen. Gebruik ook hierbij weer positieve verbeeldingskracht.

Stimuleer een ontspannen loslaathouding in het dagelijks leven

Wanneer je jezelf traint in het loslaten, krijg je een flexibelere levenshouding. Je richt je energie op het hier en nu. Je bent in staat de realiteit te accepteren; hierdoor kun je beter omgaan met spanningen en krijg je meer oog voor constructieve oplossingen. Verzamel elke dag nieuwe gezonde loslaatervaringen.

Beloon jezelf voor deze inspanning!

71
Superieur?

Wie wil niet de beste zijn? Bewust of onbewust zijn we bezig met onze positie ten opzichte van anderen, op allerlei gebieden. Als we op bepaalde punten beter scoren, schiet onze zelfwaardering (tijdelijk) omhoog.

We hopen, als we dingen goed doen, dat anderen ons extra zullen waarderen. En deze diepgewortelde innerlijke drijfkracht naar superioriteit kan ons ook stimuleren onze vaardigheden te vergroten en specialisten te worden op onze eigen voorkeursgebieden.

Onze behoefte aan superioriteit heeft ook negatieve effecten op ons geluk, succes en onze productiviteit. 'De beste willen zijn' houdt je gevangen in een wedstrijd. Competitie creëert afstand, terwijl samenwerking prettige, steunende *relaties* bevordert. Mensen hebben elkaar nodig.

Het loslaten van de vergelijkingsvalkuil valt niet mee. Bedenk dat perfectie niet bestaat. *Streef naar wat wenselijk is, maar accepteer wat menselijk is, inclusief misstappen en fouten.* Al je inzet en pogingen je leven beter te maken hebben zin en betekenis. *Je richten op de dingen doen die het beste bij jou passen, geeft meer voldoening en levert je het meeste op.*

Niemand kan alleen maar alles doen wat hij of zij leuk vindt. Het bereiken van je ideale doelen kost inspanning en veel geduld. Maar dat hoeft niet erg te zijn. Ook het uitkijken naar én je verheugen op leuke dingen is een gezonde en prettige manier om je nu al beter te voelen.

Aangename einddoelen in kleine stappen verdelen heeft als extra voordeel dat je er langer en intensiever van kunt blijven genieten. Sparen voor iets moois geeft uiteindelijk meer voldoening dan direct al je wensen te bevredigen.

Geduld hebben, sparen en prettige ervaringen afwisselen met pauzes, zijn goud waard. Waar je ook naar uitkijkt, leer al je verlangens direct, in kleine stappen, gerust te stellen. *Besteed aandacht aan het investeren in je droomwensen, en dat geeft je de rust en ruimte om nu al tevreden te mogen zijn.*

Je hoeft je niet beter dan anderen te voelen, het heeft meer zin te blijven werken aan je persoonlijke ontwikkeling. Dat betekent je energie stoppen in alles waardoor je meer *positieve emoties* zult ervaren. Hoe kun je gemotiveerd en *betrokken blijven* bij gezonde, constructieve dagelijkse activiteiten?

Iedere avond kun je *vanuit een voldane 'wel-stand' terugkijken* op wat je die dag *wel* redelijk tot goed gedaan hebt.

- Wat heb je volbracht?
- Welke deeltaken zijn voltooid?
- Mag je trots zijn op je pogingen meer mens te worden?

72

Slaapmeditatie 2.0

Maak van je bed weer een plek waar je niet piekert, maar waar je ontspant, uitrust en slaapt. Zoals sommige plekken of de natuur spiritualiteit kunnen bevorderen, zo kun je ook je slaapkamer tot een ruimte maken waar je volledig tot rust mag komen. Een meditatieruimte nodigt bijvoorbeeld uit om aan niet dagelijkse dingen te denken, maar juist tot rust of bezinning te komen.

Sommige mensen vertellen trots hoeveel tijd ze dagelijks aan een meditatie besteden. Hoe langer ze mediteren hoe trotser ze zijn en hoe dieper ze kracht uit zichzelf lijken te halen. Als je moeite hebt met inslapen of doorslapen en je wilt toch je tijd zo waardevol mogelijk benutten, kun je ook liggend in de meest ontspannen positie met je ogen dicht mediteren.

Mediteren betekent met je ogen dicht rustig ademhalen en steeds weer een paar mantrawoorden in gedachten herhalen. Je mag de woorden uitkiezen die je het meest aanspreken. Het kunnen neutrale woorden of klanken zijn zonder enige betekenis maar het mogen ook woorden of korte zinnen zijn die je *mooi, troostend of hoopgevend* vindt. Bijvoorbeeld (lees van boven naar beneden):

rust
ruimte
vrede
vrijheid

geloof
hoop
liefde
rust

liefde
compassie
kracht
geluk

acceptatie
vertrouwen
liefde
kracht

liefde
vergeving
dankbaarheid
bewust-zijn

Kies vier mantrawoorden die voor jou een bijzondere betekenis hebben en blijf ze tijdens een meditatieoefening telkens in hetzelfde patroon herhalen. Adem rustig en herhaal ze op het kalme ritme van je ademhaling. Je adem helpt je – steeds opnieuw – *alle ruimte en al het goede in jezelf* te vinden.

Adem rustig in en *langzaam* uit. Ook al zul je in het begin wellicht nog doorpiekeren, al je piekergedachten komen uiteindelijk uit bij de vier prettige meditatiewoorden. Terwijl de tijd zorgeloos verstrijkt zul je merken dat de woorden je geest kalmeren en je steeds rustiger maken.

Het lukt ons niet allemaal om 's nachts direct in slaap te vallen maar deze eenvoudige meditatieoefening kan iedereen uitproberen. Zowel bij het inslapen of – later in de nacht – bij het doorslapen. Als je tussendoor even op de klok kijkt kun je op zijn hoogst constateren hoelang je bezig bent met deze waardevolle, gezonde meditatie.

Het maakt dan niet meer uit hoelang je 'wakker' ligt. En als je als bijkomend voordeel alsnog in slaap valt, dan is dat natuurlijk alleen maar meegenomen. Probeer het eens uit. Je zult zien dat je er steeds een beetje beter in wordt. Een echte 'meditatie-expert'.

73
Gezond volwassen

Voor een gezond volwassen leven zijn er drie belangrijke kernbegrippen: liefde, vergeving en dankbaarheid. Woorden die je in een eindeloze mantra zou mogen herhalen: *liefde – vergeving – dankbaarheid*. Ze geven precies aan waar het in dit leven om gaat.

Zonder van anderen of jezelf te houden, zonder vergeving en zonder dankbare waardering, raak je uit balans. Andersom geldt hetzelfde; als je de kracht van deze drie begrippen herkent en herhaalt, doorbreek je oude negatieve patronen en maak je ruimte voor nieuwe positieve kansen.

Waar kun je liefde voor voelen, te beginnen met jezelf? Wie mag je vergeven? Vergeet vooral jezelf niet te vergeven! Waar ben je dankbaar voor? Denk ook weer aan jezelf!

Als gezond functionerende volwassene weet je wat belangrijk voor je is. Je bent in staat stapsgewijs te groeien en jezelf te belonen voor je inspanningen. Zonder jezelf te overbelasten of alles tegelijk te eisen van of voor jezelf. Je weegt zorgvuldig af of er een goed evenwicht is tussen veiligheid en verantwoordelijkheid en tussen wat je zelf wilt geven en wat anderen van je vragen.

Mensen hebben goede voorbeelden nodig, anderen die hen inspireren en de weg wijzen. Ken je zulke voorbeelden, in je omgeving of via boeken, internet of de media? Zie in je verbeelding duidelijk voor je hoe ook jij beter met bepaalde lastige situaties om kunt gaan. Welke constructieve, ontspannende, leerzame of uitdagende activiteiten helpen je meer in balans te komen?

Herken en begrijp wat je nodig hebt, wat je mist en waar je naar verlangt. Pas als je leert te luisteren naar jezelf, zonder direct in te vullen wat anderen vinden, kun je constructief gaan werken aan het *zelf* vervullen van je behoeften. Wie zichzelf overslaat of steeds handelt vanuit een beperkende visie, zal sneller vluchten in ongezonde gewoonten.

Gezonde volwassenheid gaat samen met gevoelens van erkenning, waardering, verbondenheid en acceptatie van wat er nu is. *Zonder de diepte en pijn van het leven te ontkennen kun je ook simpelweg genieten van alle mooie dingen die het leven te bieden heeft.*

74
Hoopvol blijven

De mate waarin je hoop ervaart, bepaalt rechtstreeks hoe je met tegenslagen omgaat. In het woord HOOP vatten we samen welke vaardigheden volgens ons het beste helpen om met onzekerheden en tegenslag om te gaan:

Houvast en steun zoeken
Onmacht loslaten
Overzicht houden
Positieve levenslessen zien

Houvast en steun zoeken

Welke mogelijkheden zie je nog in een schijnbaar hopeloze situatie, wat biedt houvast? Richt al je aandacht op wat je nu direct of na enige bedenktijd nog wel kunt doen. In welke mate ben je nog in staat om een moeilijke situatie positief te beïnvloeden? Wie kan je helpen? En misschien nog wel belangrijker: hoe kun je je eigen houding ten aanzien van een tegenslag zo goed mogelijk onder controle houden? Kijk op een veilige afstand naar het probleem en zoek actief naar mogelijke oplossingen.

Onmacht loslaten

Hoe kun je zelf de handschoen oppakken en deze tegenslag te lijf gaan? Constructief en praktisch neem je verantwoordelijkheid voor je eigen leven. Los van wie het probleem of de tegenslag veroorzaakt heeft. Je kunt wel wachten tot een ander iets doet, maar hoe zinvol is dat als je eigen geluk en welzijn op het spel staan? Zelf het initiatief nemen levert veel meer op. Het bevordert je betrokkenheid, het richt je blik op oplossingen, verbeteringen en vernieuwing.

Overzicht houden

Elke tegenslag heeft een begin-, maar ook een *eindpunt.* Met overzicht weet je waar de tegenslag ophoudt, zonder het door te laten werken op andere gebieden in je leven. Met overzicht weet je dat er ergens *een uitweg* of einde aan het probleem moet zijn. Je beweegt je van rustpunt naar rustpunt door de tegenslagen heen. Moet je teleurstellingen het zicht op je emotionele veerkracht laten wegnemen? Sta je toe dat tegenslag ten koste gaat van je natuurlijke vermogen om enthousiasme, verwondering, nieuwsgierigheid en plezier te ervaren?

Positieve levenslessen zien

Als je in staat bent je directe oordeel over een tegenslag uit te stellen kan na verloop van tijd duidelijk worden wat je ervan geleerd hebt. Sommige persoonlijke groeimogelijkheden zitten diep verstopt achter zeer pijnlijke ervaringen. Dit heeft te maken met het feit dat je gebeurtenissen uitsluitend achteraf op hun juiste waarde kunt schatten.

Mag je erop vertrouwen dat de onzekerheid die eeuwig lijkt te duren toch nog tot iets goeds zal leiden? Dat is de essentie van hoop.

75

Koester het positieve

Onze eigen gedachten zijn vaak onze grootste vijanden. Hoe kun je van je gedachten je beste vrienden maken?

We kunnen niet regelen welke automatische gedachten er in ons opkomen, maar we zijn wel in staat ons brein te trainen zich te richten op constructieve informatie. Iedere poging om je aandacht te verleggen naar helpende gedachten betaalt zich in veelvoud terug. *Met een positieve mindset groeien je motivatie en vindingrijkheid met meer dan dertig procent.*

In alle rust mogen we – steeds opnieuw – ontdekken, herkennen en gebruiken wat er goed en gezond is. *Welke frustraties je ook tegenkomt, er is vanbinnen meer positieve energie te halen dan er in de buitenwereld kan tegenzitten.*

Wanneer je helpende, optimistische gedachten belangrijker maakt, ze voldoende aandacht geeft en ze voedt, dan gaat je brein vanzelf meer opbouwende denkpatronen produceren.

Ons brein houdt van ritmes, patronen en gewoontes; wat je erin stopt zal er later weer vermenigvuldigd uitkomen. Voed je je brein met negatieve of positieve informatie? Probeer bijvoorbeeld maar eens uit wat de onderstaande positief-psychologische toepassingen met je stemming doen:

- Maak een *mentaal plaatje* van iets leuks en haal deze mooie herinnering meerdere keren terug. Blijf bemoedigende beelden terughalen.

- *Geniet bewust* van alle dagelijkse lichtpuntjes.
- *Stimuleer* je zintuigen met aangename, ontspannende ervaringen.
- *Laat weten* dat je ergens tevreden over bent.
- *Deel* optimistisch nieuws met anderen als een hoopgevend geschenk.

Het menselijke brein laat zich makkelijker beïnvloeden dan je zou denken; zet je brein aan het werk met een bepaalde inhoud en deze informatie zal geïnternaliseerd worden en automatisch worden uitgebreid. Zelfkritiek? Je brein vindt duizend redenen waarom je niet zou voldoen. Zelfbeloning of dankbaarheid? Direct start een zoektocht naar meer goed nieuws. Welke stelling je er ook in wegzet, bijna onmiddellijk heeft je brein er vele 'bewijzen' voor gevonden.

Je kunt positieve patronen in je brein stimuleren met de volgende *groei-experimenten*:

- Probeer ieder gevoel te benaderen als *een informatie biedende ervaring die er mag zijn*. Zonder oordeel, zonder direct iets te willen 'oplossen'.
- *Vergelijk positieve emoties* uit het heden met onaangename gevoelens uit het verleden. Bijvoorbeeld: 'Ik voel me nu rustiger en vaker tevreden dan vroeger.'
- Vind geluk in het *huidige moment.*
- *Waardeer* waardevolle gebeurtenissen, wetende dat alles steeds verandert.
- Laat perfectie los, zie wat er *goed genoeg* is.

- *Verander 'ik moet'* in 'ik ga, of ik mag, of ik kan, of *ik wil*, of ik kies ervoor...' .
- Kijk door een vergevingsgezinde liefdesbril naar tegenslag, registreer wat je ervan geleerd hebt. Zie het als een extra kans op *zelfrealisatie*.

- *Verheug je* op plezierige gebeurtenissen, beleef alvast gezonde voorpret.
- Aanvaard *wat er nu is* en leer zo ook toekomstige uitdagingen beter te verdragen.
- Schep creativiteit, openheid en flexibiliteit door je *bereidheid* om de werkelijkheid te omarmen precies zoals ze is; dan blijft er weinig over om nog bang voor te zijn.

Kortom: als je de schoonheid in je leven – in al haar kleurschakeringen – blijft koesteren, word je vanzelf beloond met meer *positieve denkkracht.*

Bronnen/Aanbevolen om verder te lezen

Bannink, F. (2016). *Positieve psychologie: De toepassingen*. Amsterdam: Boom.

Bohlmeijer, E., & Hulsbergen, M. (2014). *Dit is jouw leven: Ervaar de effecten van de positieve psychologie*. Amsterdam: Boom.

Cladder, J. (2001). *Hypnose als hulpmiddel bij psychotherapie*. Lisse: Swets & Zeitlinger.

Clark, D.A. (2018). *The anxious thoughts workbook: Skills to overcome the unwanted intrusive thoughts that drive anxiety, obsessions, & depression*. Oakland, CA: New Harbinger Publications.

Delfos, M. (2014). *Ik ben aan ze gehecht!: Over gehechtheid als een boei in nood*. Amsterdam: SWP.

Diekstra, R.F. (2013). *Wegwijzers naar een hemel op aarde: Psychologie van de levenskunst*. Uithoorn: Karakter Uitgevers B.V.

Dyer, W.W. (2016). *Living an inspired life: Your ultimate calling*. Carlsbad, CA: Hay House.

Glaudemans, W. (2016). *Boek van het licht en de liefde: een oefening in mededogen*. Utrecht: AnkhHermes.

Glaudemans, W. (2013). *Boek van vergeving: een gids van wond naar wonder*. Utrecht: AnkhHermes.

Goleman, D., & Klaveren, K.V. (2015). *De kracht van het goede: De toekomstvisie van de Dalai Lama*. Utrecht: Uitgeverij Ten Have.

Groenhuijsen, C. (2017). *Optimisten hebben de hele wereld: 96 redenen om opgewekt naar de toekomst te kijken*. Den Haag: Einstein Books.

Gunster, B. (2016). *Lastige kinderen?: Heb jij even haast.* Amsterdam: Lev.

Hanh, N., & Hermsen, R. (2016). *Spreken met liefde, luisteren met compassie.* Utrecht: Uitgeverij Ten Have.

Hanson, R., & Kaiser, K. (2014). *Geheugen voor geluk: neem het goede in je op voor een beter leven.* Utrecht: Uitgeverij Ten Have.

Hay, L.L., & Baumgarten, P. (2018). *Het sprekende hart: Een schatkist vol wijsheid.* Utrecht: AnkhHermes.

Hay, L.L., Colijn, H., & Harmans, G.M. (2016). *Spiegelwerk: In 21 dagen naar een gelukkiger leven.* Houten: Spectrum.

Hay, L.L., Schulz, M.L., & Bruijn, M.D. (2017). *Heel je geest: Verbind lichaam en geest door affirmaties, intuïtie en medicatie.* Houten: Spectrum.

Hershfield, J., & Nicely, S. (2017). *Everyday mindfulness for OCD: Tips, tricks, and skills for living joyfully.* Oakland: New Harbinger Publications.

Holden, R., & Drunen, J.V. (2013). *Houd van mij: hoe geef je liefde en word je begerenswaardig?* Utrecht: Servire.

Janse, F. (2012). *De zin van jouw bestaan: NLP en non-dualiteit.* Den Haag: Uitgeverij Bewust Zijn.

Karsten, C. (2014). *Tot hier en niet verder.* Utrecht: Kosmos Uitgevers.

Katie, B., Mitchell, S., & Limburg, I. (2017). *Vier vragen die je leven veranderen.* Amsterdam: Boekerij.

Kock, D.D., & Vergeer, A. (2017). *365 dagen succesvol.* Houten: Spectrum.

Kornfield, J., & Mouwen, C. (2015). *Het wijze hart: het universele karakter van de boeddhistische psychologie.* Utrecht: AnkhHermes.

Lake, G. (2011). *Trusting life: Overcoming the fear and beliefs that block peace and happiness.* Endless Satsang Foundation.

McKay, M., Skeen, M., & Fanning, P. (2018). *The CBT anxiety solution workbook: A breakthrough treatment for overcoming fear, worry & panic.* Oakland, CA: New Harbinger Publications.

Mipham, S., & Fahrenfort, M. (2014). *Fundamentele goedheid:*

het shambhala-principe voor een betere wereld. Utrecht: Uitgeverij Ten Have.

Murphy, J., & Grasman, G. (2016). *De kracht in jezelf: Onvermoede vermogens van het onderbewustzijn.* Haarlem: Altamira.

Niemiec, R.M. (2014). *Mindfulness and character strengths: A practical guide to flourishing.* Boston, MA: Hogrefe Pub.

Osteen, J. (2017). *Blessed in the darkness: How all things are working for your good.* New York: FaithWords.

Peale, N.V. (2003). *The power of positive thinking.* New York: Touchstone/Simon & Schuster.

Prins, J. (2018). *Nu even stil: Eerste hulp bij overmatig denken.* Utrecht: AnkhHermes.

Schwarz, A.A., Schweppe, R.P., Lombaert, A.D., Sluijs, E.V., & Weber, M. (2016). *De veertien geheimen van de panda: de zoektocht naar innerlijke vrede.* Haarlem: Altamira.

Sterk, F., & Swaen, S. (2016). *Denk je sterk: Meer zelfwaardering, meer zelfvertrouwen!, Overwin verlegenheid, Beter omgaan met anderen.* Utrecht: Kosmos Uitgevers.

Sterk, F., & Swaen, S. (2016). *Leef met Liefde.* Den Haag: Sterk Publishers.

Sterk, F., & Swaen, S. (2006). *Leven met een paniekstoornis.* Houten: Bohn Stafleu Van Loghum.

Sterk, F., & Swaen, S. (2016). *Positieve mindfulness.* Den Haag: Sterk Publishers.

Tan, C. (2016). *Joy on demand: The art of discovering the happiness within.* Harper One.

Tedeschi, R.G., & Moore, B.A. (2016). *The posttraumatic growth workbook: Coming through trauma wiser, stronger, and more resilient.* Oakland, CA: New Harbinger Publications.

Tolle, E. (2010). *De kracht van het NU: Gids van spirituele verlichting.* Utrecht: AnkhHermes.

Tolle, E., & Roelofsen, P. (2016). *De stilte spreekt.* Utrecht: AnkhHermes.

Touber, T. (2010). *Spoedcursus verlichting: Een innerlijk avontuur.* Utrecht: Lev.

Verhees, M. (2016). *De vibe: stap in je geluksmodus*. Bodegraven: London Books.
Waters, L. (2017). *The strength switch*. North Sydney, N.S.W.: Penguin Random House Australia.
Weekers, K. (2018). *Happy Life 365: De no-nonsense denkwijze voor een leuker leven.* Utrecht: Kosmos Uitgevers.
Welshons, J.E., & Grieken, K.V. (2010). *Eén ziel, één liefde, één hart: Verbonden zijn met alles en iedereen.* Deventer: Ankh-Hermes.

Internet

Voor een dagelijkse dosis optimisme:

https://www.actionforhappiness.org
https://www.calm.com
https://happify.com
https://twitter.com/HappinezNL
https://www.headspace.com
https://www.louisehay.com/affirmations
https://www.facebook.com/SuperSoulSunday
https://www.optimistdaily.com
https://www.sportschoolvoorjegeest.nl/audio-video
https://www.facebook.com/365dagensuccesvol
https://twitter.com/4positiviteit
https://twitter.com/Omdenken
https://sochicken.nl
https://www.michaelpilarczyk.nl/meditatie-app
https://positivepsychologyprogram.com/blog
https://www.facebook.com/theworkofbyronkatie
https://www.psycholoog.net
https://adfstichting.nl
https://www.vgct.nl
https://www.sterkekanten.nl

https://www.tijdschriftpositievepsychologie.nl
https://www.viacharacter.org
https://www.psychologiemagazine.nl
(online trainingen: o.a. Mindfulness, Rust in je hoofd en Zelfvertrouwen)
https://www.psychologiemagazine.nl/advies
(adviezen van de *Psychologie Magazine*-experts)
https://dewerelddraaitdoor.bnnvara.nl/gasten/erik-scherder
(colleges over het brein)

Meer informatie

Psychologen Fred Sterk en Sjoerd Swaen zijn, naast hun werk als psychotherapeut, auteurs van een reeks succesvolle zelfhulpboeken. Hun positief psychologische boeken bieden inspiratie en motivatie voor een optimale persoonlijke en professionele ontwikkeling.

www.sterk-swaen.nl

Register

Meer lezen van Fred Sterk en Sjoerd Swaen?

In *Denk je sterk*, een handboek voor persoonlijke groei, lees je hoe cognitieve (gedachte)technieken helpen bij het veranderen van een negatief zelfbeeld.